中國近代民族史學探源

李朝津　著

蘭臺出版社

謹以本書獻給雪意、康權與蕙心

序

　　本書要談的重點是清末民初期間中國世界觀轉變過程。誠如清末名臣李鴻章所言，近百年中國面臨二千年未有之大變局，然所謂大變局是指那一方面？有人認為是現代對傳統的挑戰；有人認為東西兩個差異文化的衝突；亦有人認為是帝國主義擴張，威脅到國家的生存。上述說法都有它的道理，不過個人認為西方給予中國最重要的影響，應該是世界格局的變化及其隨之而來的世界觀。中國是東亞大國，但其所以能君臨整個地區，不單在軍事、政治及經濟力量，更在於它能建構一個國際體系與及支持上述體系的世界觀，然西力東來，對中國最大挑戰便是它的國際架構，亦即是崛起於歐洲之民族國家制度。中國在現代化過程中，過去多半認為其拋棄傳統體制、走向民族國家是必然之道。但近年的研究則指出民族國家並非必然之世界秩序，同時東亞體制亦並非全然被捨棄到歷史的墳墓裡。個人是同意此一觀點，亦即民族國家是歐洲特有歷史背景產生，中國在接受此一體制時，為適應本身環境，必有所去取，更企圖重新改造，但此方面在歷史界談的比較少，亦是本書要探索所在地方。

　　中國之傳統國際體系具體呈現是甚麼？一般都會使用「朝貢制度」概念。它的起源可以追溯至周代，即《詩經，小雅‧北山》所提的「普天之下，莫非王土；率土之濱，莫非王臣」。然朝貢制度是否真實存在於中國歷史上，學術界卻有很多爭議。美國費

正清、日本濱下武志均主張朝貢制度是中國處理對外關係重要體
制，其影響及於整個東亞及東南亞。費正清認為中國透過貿易優
惠政策以吸引外國朝貢，從而建立一個東亞世界秩序；濱下則更
具體指出朝貢制度不單止是中國，也是亞洲共有制度，並未因西
方力量進入亞洲而消失，其影響力與西方共存。[1]但夫馬進及 John
Wills 則認為中國朝貢制度歷代均不同，很難用一個劃一標準去規
範。[2]的確，要說中國在數千年中，其對外體制完全沒有改變似乎
很難令人信服，但亦不能說它只是個臨機對外方式，因為它的世
界觀必然會提供一套價值體系，而且有其延續性。何偉（James
Hevia）提出一個很有參考價值的說法，他認為朝貢制度是一套禮
制，它提供一個協商的平台，讓中國與外國交往過程中有協商的
空間。對何偉亞而言，禮儀並非西方常認知為純粹權力的象徵，
它是文化中宇宙觀的反映，所謂朝貢制度，只不過是各個文化交
流的中介而已。[3]

　　由於篇幅及個人現行研究課題關係，本書無法討論傳統朝貢
制度，重點只能放在傳統世界觀在接觸到西方思想後所產生之變
化。所謂西方思想，主要指十九世紀以來民族主義及自由主義兩

[1] John K. Fairbank, *The United States and China* (Cambridge: Harvard University Press, 1983, 4th edition, enlarged), pp. 158-63; 浜下武志，《近代中国の国際的契機》(東京：東京大学出版会，1990) .

[2] 夫馬進編，《中國アジア東外交交流史の研究》(京都市：京都大學學術出版會，2007)；John E. Will, "Tribute, Defensiveness, and Dependency: Uses and Limits of Some Basic Ideas about Mid- Ch'ing's Foreign Relations," *American Neptune* 48(1988): 225-29.

[3] James L. Hevia, *Cherishing Men from Afar* (Durham & London: Duke University Press, 1995).

個重要思潮。本書第一章裡便談及兩個主義對近代史解釋的衝擊，它的意義其實更大於此。透過歷史的解釋，自由主義者及民族主義者企圖為中國尋找一個現代國家模式。自由主義強調傳統中國是一個對內封建專制，對外不尊重萬國平等的制度。要建立現代化國家，必需去除傳統。蔣廷黻是自由主義者中較為溫和，因此一度支持中國實行獨裁政體，但傳統與現代的二元對立仍是他解釋歷史的重要架構。民族主義則追求一個同質的國家，但民族主義者自始便要面對一些無法解決的難題，不單止民族範疇難以具體界定，世界上也沒有幾個國家能純粹由單一民族組成，因此民族主義者可以分化為本質主義者，如錢穆一直在追尋中國民族精神的所在；另一種則如蕭一山者，希望把歷史建立在未來上。在自由主義及民族主義的交錯挑戰下，中國的傳統世界觀並沒有全然消失，但它的起伏一直缺乏學界關注，因此本書以十九世紀末至五四運動的思想變遷為主軸，作一個簡單的疏理。

　　本書第二章便以十九世紀王韜作為討論中心。王韜一向被視為洋務派的代表，由於他在香港的經歷及與西方文化有深入的接觸，使他成為同時代人西化的先鋒。無可否認王韜的確極力主張吸取西方的先進知識，但在國際問題上，他可以說是相對的保守。他反對西方富國強兵，弱肉強食的想法，主張國際責任是濟弱扶危；他主張中國改革以自保為主，擴張並非優先任務；他亦使用傳統用語「大一統」，好像要恢復朝貢制度中君臨天下姿勢，但事實上他承認各國有自主之權，只不過強調一個全球的共通價值，因此他的看法反而接近傳統被視為保守派的王闓運。在書寫本書課題時，本來有意探討王闓運案例，但由於時間限制，只能中

途作罷。[4]不過王闓運追求今文經學倡導的大一統思想，在現實政治中亦主張內治優先，與王韜並無二致。因此在研究晚清思想史，用傳統進步及保守二分法來論述，反而忽略所謂進步派與保守派的共通點，他們事實上仍處於同一個語境中，維持一元世界是其共同願望。

甲午戰爭是傳統世界觀轉向民族世界一個十分重要轉捩點，當然也非一蹴即至，康有為便是個過渡時期人物。有關康有為評價，常圍於他與革命的關係，特別其對民族主義的批判，因此康氏始終被烙上保守的印記，只有蕭公權及其弟子汪祖榮給予它一個較為公平的評價。事實上康有為在近代思想史上仍應佔一席位，在某種意義下，他可以說承先啟後，力圖整合傳統天下與近代民族主義的人。康有為可以說晚清少數追求中國國家起源的知識分子，並首先提出黃帝為中國國家之締造者，若比較他與馬驌的《繹史》，康有為受到西方啟蒙時期思想的影響十分明顯。但康有為在另一方面又試圖建立一個普世原則，其所謂普世原則，無疑是建基於近代自然科學上，但他的表達方式仍沿襲宋明理學的形式，以「道」作為其統括概念。雖然康有為提出人道一詞以求有別於過往的道，但仍語焉不詳，廖平為康有為提供一套公羊學的世界觀，惜足補其缺陷，亦是康有為急速轉向公羊世界觀的重要原因。

---

[4]　近年有關王闓運之研究漸多，但多由經學入手，少注意及他的外交觀，見魏綵瑩，《世變中的經學：王闓運春秋學思想研究》(台北縣：花木蘭文化出版社，2012)；劉少虎，《經學以自治：王闓運春秋學思想研究》(北京：華夏出版社，2007)；劉平，《王闓運春秋公羊傳箋學術思想研究》(長沙：湖南大學出版社，2012)。

　　自由主義及民族主義正式開花結果是在辛亥時期，尤其在
1900 年庚子事變之後，但對上述主義的詮釋卻五花八門，各人
自有心裁。籠統而言，可以分別以梁啟超、章太炎及孫中山為象
徵，代表國家派、歷史文化派及公民派三個不同之路向。梁啟超
是近代首先提倡激進人民概念的人，在戊戌政變以前，梁啟超對
人民的理解仍以反對君主專制為主，直到政變失敗後逃往日本，
直接接觸日本情況，才給予梁啟超更大啟發，主張建設中國為民
族國家。亦由於民族意識的滋長，梁啟超亦是最先討論重建中國
史學的人。但梁啟超探討文化層次的史學不長，很快便轉向建國
的各個面向，對辛亥時期的梁啟超而言，政治建設比文化重要，
主要原因有兩個，首先是列國競爭，國家若不強大，個人亦無法
生存，由主體所產生之文化活動亦不能存在，在社會達爾文競爭
法則下，群體不能不超越個體。其次為滿漢衝突，透過國家機器，
可以調和種族矛盾。亦由於梁啟超強調群體重要性，對革命派是
無法接受。不過梁對群體演進的解釋，仍可以看到康有為之影子，
所謂三十之後絕對不談公羊，只是他未有覺省到康氏的影響。

　　章太炎是辛亥時期歷史文化派的主要代表，章氏最大的貢獻
有二，其一是利用其嫻熟的清代小學，建立一個由黃帝開始的四
千年民族譜系，並創造一個文字語言的歷史敘事，打造一個新史
學傳統，取代過去以經學為主的文化論述；其次為建立中國民族
主義之主體性，以言語作為為基礎，章太炎強調中華民族是由個
體自然結合，但民族的傳承因滿清統治而中絕，只要光復歷史傳
統，中華民族即能復興。章太炎非如梁啟超把群體置於個體之上，
是其能夠吸引當時青年知識份子的原因，但章太炎在建構其民族

理論過程中，遭到維新派的挑戰，康有為認為歷史上外族入佔中國案例不少，民族成份因而混淆，章氏所謂的民族單純性根本無法維持。為回應康有為的挑戰，章太炎必須解釋個體與民族之不可分關係，亦即民族歷史雖經多次變化，仍能維持個體的同質性。因蘇報案入獄之章太炎，其間潛心佛學，開始借助唯識派之世界觀，由名相入手，指出主體雖根於語言，但語言只是一個符號，可以包容不同主體，但愈象徵化，其自然性亦越受質疑，最後章太炎只好求助於莊子，以「不齊為齊」，不再追求世界之統一，回歸到說經為樂。魯迅指其在民國時期「漸入頹唐」，但把原因歸究到「既離民眾」，[5]似忽略章氏在思想史上所面臨困境。但無論如何，章太炎在主體的追尋上，卻為現代中國心性之學開闢一個新的門徑。

辛亥時期第三類派別是以孫中山為首的革命派，他們與章太炎類似，強調個體在民族主義之主要作用，但不同點是章太炎由形而上學建設主體，但孫中山等人則以國家為主體性所在。由於時間不充份，個人無法深入討論清末革命派的想法。但在民初章士釗與戴季陶有一場政治爭論，足以反映兩者間的差異。章士釗與章太炎關係密切，而其思想亦與其接近，強調歷史有其承傳性；戴季陶自號為孫中山思想繼承人，強調國家基礎建立在天賦人權上。章士釗與戴季陶之爭，始於民初內閣制之爭，章士釗主張內閣制，認為合乎歷史溫和進化之用，戴季陶則批評所謂內閣制之爭，完全是袁世凱的陰謀。戴季陶代表革命史觀正統，反映出過

5　魯迅，〈關于太炎先生二三事〉，陳平原編，《追憶章太炎》(北京：中國廣播電視出社，1997)，頁49。

去有關民初歷史,常過份圍繞袁世凱問題,爭議的本質反而煙沒。兩人的差岐,主要是章士釗強調國家的成立是歷史逐步發展而成,而且國家是一有機組織,個體無法擺脫歷史的羈絆。雖然章士釗尚未如梁啟超認為國家在個人之上,但其歷史密切性亦無法使人擺脫國家。而戴季陶則主張國家為人民自由意志的集合體,而其意志則呈現於憲法之中,完全為盧梭天賦人權論的反映。歷史文化派與公民派在清末面對一個共同敵人,尚能勉強和衷共濟,當革命成功,其差岐便漸顯現,亦成為新文化運動一個重要源頭。

　　本書要處理最後一個問題是新文化運動的源起。從來談新文化運動,不少研究關注其民初的新興社會及經濟背景。社經問題的重要性當然不能忽視,但新文化運動是以思想為主,它的源起以至內涵更應該關注。有人認為它是一個啟蒙運動,不過在辛亥革命時期,西方啟蒙已經開始,則辛亥的啟蒙與五四的啟蒙究竟有何差別?不釐清這個問題,是無法理解二十世紀中國思想史的脈絡。事實上二次革命的失敗,對革命黨人與及胡適等知識份子的衝擊是十分激烈,需重新思考辛亥革命的建國路線,亦即所謂歷史國家的建立。過去一直以為新文化運動就是反封建運動,其實五四啟蒙要打破是辛亥革命所帶來的歷史性,並非以四千年來的傳統為對象。無論胡適或陳獨秀,都希望擺脫歷史國家的限制,探討人類的共通性,此為傳統與現代分裂的起源。但胡適在新文化運動所產生更大影響的原因,在其能具體刻劃出個體性之所在,辛亥時期之個體是源自於政治架構,亦即歷史國家,但胡適所刻劃的個體則源自社會,受到實用主義影響,胡適指出主體性出

實，完全是個人對現實社會的回應。亦即個人的創造力必須由現實社會啟發，並非單單由天賜，同時胡適更利用白話文作為表達個體的工具，使白話文一舉成為新文化運動的有力象徵。

上文把本書所收八篇文章的脈絡作一個大要陳述。這八篇文章的寫作，最初一篇創作於 1995 年，最後一篇則在 2006 年，都是學術研討會中發表的文章，因此寫的時候多半跟隨研討會的主題，並非依各論題的時間先後創作，只是在這次結集出版時才依序排列。雖然如此，各篇文章主軸仍圍繞個人一向關心的問題，亦即中國近代世界觀的轉變過程。然由於各篇原為研討會文章，寫的時間又相隔頗遠，故內容上有不少重覆雜沓之處，涵蓋面亦有許多遺漏地方，不過天下事難有十全十美，故今次結集出版，無論架構及文獻仍保留原樣，只有文字及格式稍作修改，不過要整齊全書，並不容易，錯漏地方，唯望讀者恕宥。

最近幾個月都為修輯各篇文章忙碌，有些論文年代久遠，連原稿都找不到，只好麻煩出版社幫忙，掃描重新整理。至今面臨出版，始感古人禍棗災梨之惶恐，只是孜孜多年，不敢說益世之作，只當雪泥鴻印，個人留為紀念。

2014 年 10 月記於台北

目　次

第一章
有關辛亥革命評價的若干問題：
由自由主義及民族主義角度的
再思考

　　有關辛亥革命的評價向來是爭議不斷。不過近年來對辛亥革命的爭論，多半集中於社會結構問題，爭議的重心是要論斷辛亥革命的社會屬性，與及是由那一個社會階級領導。大陸學者一直認為辛亥革命是一個資產階級革命，其領導者毫無疑問是當時之新出現之資產階級；而美國學者則認為辛亥革命是士紳或精英階層所領導。社會結構的論爭到一九八二年在芝加哥舉辦之辛亥革命討論會中達到高潮，張玉法教授在會上反駁大陸學者的資產階級革命說，主張辛亥革命是一個全民革命。因此有關辛亥革命的評價，「全民革命論」、「資產階級革命論」與「士紳或精英革命論」三者鼎足而立。[1]隨著論爭的展開，有關辛亥革命的社會性質的問題已有十分深入的討論，本文不擬作續紹。但有關辛亥革命評價並不只限於社會性質，本文在這裡提出另外兩個觀點——自由主義及民族主義，希望作為進

1　　李金強，〈辛亥革命的研究〉，《六十年來的中國近代史研究》（台北：中央研究院近代史研究所，1988），頁 776-781。

一步了解辛亥革命的參考。

　　本文提出這兩個史觀的原因有二。首先是社會結構史觀一直是流行於大陸及美國，但不是台灣史學界的主流，在過去五十年，台灣對辛亥革命的評價主要是從自由主義及民族主義兩個角度出發，故要了解台灣過去史學五十年來的發展，必須要重新觀察這兩個史觀。其次，這兩個史觀不只是流行於台灣，並可以溯源到上世紀中國有關改革方向的爭議，並延伸至史學界對辛亥革的評價，因此這兩個概念與民國以來之史學發展亦息息相關。本文希望籍這個題目作為了解中國近代史學發展的線索。當然，這樣大的的題目非一篇短文能夠處理。因此只希望借此機會提出一些問題，拋磚引玉，希望能得到學界進一步討論。

一、自由主義對辛亥革命的評價

　　自由主義是歐洲十八世紀啟蒙時代的產物，但到二十世紀時，自由主義這一概念已進一步分化。由十八世紀到十九世紀之自由主義，一般稱為古典自由主義，而二十世紀之自由主義則稱為現代自由主義。所謂古典自由主義是指十七世紀以來的政治參予運動。古典自由主義本來最強調是人之理性，認為只要給予人類自由以發揮其理性，則人類進步是可期的。不過理性是一個抽象概念，在落實到社會時，自由主義者認為人類理性最高之表現在政治，故民主改革運動一直成為十九世紀自由主義者致力的重點。

　　到十九世紀末，歐洲各國的民主運動已逐步取得成果，全民選舉及政黨政治均已成為歐洲日常生活之一部份。不過，當

時的自由主義者卻面臨另一個衝擊——工業革命。歐洲各國之社會因工業化而改變，而社會的急速改變卻造成內部各種衝突，古典自由主義下之民主架構似乎無法有效應付這些問題。因此自由主義者不得不重新調整他們的立場。自由主義者沿用啟蒙時期以來之進步觀念，支持改革。但反對社會主義者的政治及社會激烈手段。他們認為人類社會進步最大的障礙並非來自社會及經濟結構，而是傳統文化。因此革新必須先克服傳統。這種新與舊的對立，成為二十世紀自由主義的一個重要的行動綱領，亦成為其歷史觀之來源。[2]

　　在中國近代史裡，自由主義者亦認為傳統與現代的對立是中國改革的最大障礙。本文不擬對這一個熟悉的命題再加以分析。本文所要探討是這種傳統與現代的二分概念，是如何被自由主義使用到歷史研究中。作為一個個案研究，我是選擇了蔣廷黻對辛亥革命認識。

　　蔣廷黻是一個自由主義者是無庸置疑，同時他更是一個出色的中國近代史學家，他出版的《近代中國外交史資料輯要》、〈琦善與鴉片戰爭〉、《中國近代史大綱》等，均對中國近代史研究有很大影響。[3]他的歷史研究，有人批評其過於受時勢影

---

[2]　有關自由主義之發展過程，目前西方史家大概一致認為古典自由主義到十九世紀末已被西方揚棄。但自由主義在二十世紀中期那一個方向發展則有不同看法。有認為自由主義在二十世紀是走向沒落，這看法可參考 Anthony Arblaster, The Rise and Fall of Liberalism（New York: Blackwell, 1984）亦有認為自由主義在二十世紀已打跨其他極權思想，走上高峰，這看法可參考 Francis Fukuyama, *The End of History and the Last Man* (New York: The Free Press, 1992)。本文對自由主義之解釋是個人對近代自由主義發展的一個綜合。如要參考西方對自由主義一個比較新而又扼要的說明，可參看 John Gray, *Liberalism*(Minneapolis: University of Minnesota Press, 1986).

[3]　蔣廷黻在北伐以後是屬於所謂「獨立評論」自由派，但蔣氏之自由主義立場

響。[4]不過蔣廷黻對歷史的研究並非完全以經世作為目的，蔣氏在其《近代中國外交史資料輯要》上卷自序便曾言：「外交史仍然是歷史，不是做宣傳，也不是辦外交，是研究歷史。歷史自有其紀律。這歷史的初步就是注重歷史的資料」。[5]由於蔣氏把中國近代史作為一個專業看待，而且有他的方法，因此在近代中國史產生相當大的影響。郭廷以便指出：「近代中國史的研究，蔣先生是一個開山的人，近四十年來，在這一方面，他最大的貢獻，是開創新的風氣，把中國近代史研究帶入一個新的境界，特別是給我們新的方法與新的觀念」。[6]蔣氏之開創之功是否只是把史料學帶進中國近代史研究呢？事實上並不然。除了史料學外，他是帶來一個自由主義的史觀，這對中國近代史有重要的影響。現在試以他對辛亥革命的評價作一個簡單說明。

蔣氏對辛亥革命批評是嚴厲的。一九三四年，蔣氏在大公報發表一篇名為〈新名詞‧舊事情〉的文章：「自戊戌到現在四十年來，我們的維新事業可以一言以蔽之，那就是拿新名詞

曾受到質疑。最重要的原因是因為他在一九三三年發表〈革命與專制〉一文，裡面主張中國實行獨裁以進行改革。有人認為蔣氏是為進入仕途，故特為此討好當道。但黃德宗認為蔣氏發表此主張並無逢迎之意，基本原因是以中國當時國難嚴重，不得不採用應變措施。見黃德宗，〈蔣廷黻及其政治思想的演變，1895-1935〉（台北：國立台灣師範大學歷史研究所碩士論文，1992），第四章第三節。

[4]　王曾才認為蔣氏對琦善之評價，是為了配合三十年代國民政府之對日政策。見王曾才，〈中國外交制度的近代化〉，《清季外交史論集》（台北：台灣商務，1979，二版），頁 132-133。亦見黃德宗，頁 266。

[5]　蔣廷黻，〈自序〉，《近代中國外交史資料輯要》（台北：台灣商務，1972，三版），頁 1。

[6]　劉鳳翰，〈蔣廷黻博士對中國近史上幾個問題的見解〉，《傳記文學》，第 7 卷第 6 期（1965），頁 27。

掩飾舊事情……在滿清末年，我們以為君主立憲不夠新，必須有個民國，但我們不見這個『民』國裏的『民』的成分可比得鄰近〔日本〕『帝國』裡的『民』的成分」。[7]換言之，辛亥革命並沒有為中國帶來任何進步。蔣氏分析中國之所以沒有進步的原因有兩個：首先是中國的落伍。他認為「在近百年的民族競爭中，凡能利用現代的文化者則強，不能者則弱。這是近代史的一個鐵律」。但中國卻是「囿於習俗」，無法追上時代，這也是中國現代化比日本早，但到後來，中國卻遠遠落後於日本的原因。蔣氏進一步指出，中國這種保守風氣，是由於士大夫階級的破產，這亦是蔣氏要談的第二個原因。蔣氏認為中國傳統讀書人，四體不勤，好談紙面上的知識，而且言行不一致，這種體格、知識以至道德上的破產，因此造成中國的積弱。[8]

　　對辛亥革命的批評，蔣氏無疑是落在上述二十世紀自由主義的巢臼，傳統被視作是中國發展最大的阻礙。而傳統下各種文化社會的弊端，均可以在知識分子身上找到，因此蔣氏主張對知識分子的徹底改造，社會才能進步，亦是改革的最重要基礎。這種不惜一切追求社會現代化的看法，在蔣氏之言論是隨處可見，「近代化的問題關係民族的前途太大了。無論犧牲多大，我們不可顧惜。不近代化，我們這民族是不能繼續生存的」「我們的出路，對內對外兩方面，均不能不求之於建設」。[9]近代化在中國近代史既然扮演如此重要之角色，則不能不涉及近代中國與西方關係。因為在中國之所謂近代化，完全是由與西方接觸而帶引過來。

[7] 〈新名詞‧舊事情〉，《蔣廷黻選集》（台北：傳記文學出版社，1969），頁 461。
[8] 〈對大學新生貢獻幾點意見〉，《蔣廷黻選集》，頁 401-406。
[9] 李敖，〈蔣廷黻和他走的路〉，《教育與臉譜》（香港：文藝書屋，1970），頁 186。

　　蔣氏的專長是中國外交史。在其眼中，近代中外關係仍擺脫不了自由主義的傳統與現代對抗模式。而代表著現代是西方文化，傳統者則是中國文化。在這個傳統對抗現代的架構下，蔣氏不認為中國近代史起於鴉片戰爭。王聿均指出這是蔣氏一個很大的創見，就是「所立的中國近代史嶄新的架構。從開始的時間來說，他大膽斷自十九世紀初葉，劈頭便敘述英國因鴉片買賣，而導致了鴉片戰爭」。王聿均指出蔣氏認為鴉片戰爭是一個「通商戰爭」，而通商問題，遠在十九世紀初便出現。[10]事實上，蔣氏認為「通商戰爭」只不過是中西文化接觸的一部分而已，並非全部。蔣氏認為鴉片戰爭只不過是兩個不同文化相遇的自然結果，因此他在《中國近代史大綱》中開頭便稱述：「原來人類的發展可分為兩個世界，一個是東方的亞洲，一個是西方的歐洲⋯⋯在東方這個世界裡，中國是領袖，是老大哥⋯⋯到了十九世紀，來和我們打麻煩的，不是我東方世界的小老弟們，是那個素不相識的，而且文化根本互異的西方世界」。[11]中國的近代史便是在這種文化互動下開始。但很不幸，十九世紀的西方挾有優越的現代科技文明，而中國則仍在傳統文化下，不承認對方是一個平等文化，處處以天朝自居，只把西方國家當作屬國看待，「那時中國不知道有外交，只知道剿夷與撫夷」。[12]因此鴉片戰爭只是導火線，英國是要借此機會「一掃舊日所有的通商限制和邦交的不平等」。[13]由於中國要禁煙，

---

[10]　王聿均，〈蔣廷黻先生對近代史研究的倡導〉，《近代中國史研究通訊》，第一期，頁 22。

[11]　蔣廷黻，《中國近代史大綱》（香港：上海印書館，1979），頁 1。

[12]　同上，頁 8。

[13]　同上，頁 18。

英國要通商，雙方觀念無法交集，蔣氏認為戰爭是法避免。但鴉片戰爭的失敗，最主要是中國的落伍。「我們的政府是中古的政府，我們的人民，連士大夫階級在內，是中古的人民，我們雖拼命抵抗，終失敗，那是自然的」。[14]因此鴉片戰爭對中國是一個敦促改革的訊號。對蔣氏而言，中國對外開放是近代化必要之方法。亦是他對辛亥革命另一個評價的標準。

　　從改造的觀點來看，蔣氏認為辛亥革命是一個失敗的革命，但從開放的觀點來看，他對辛亥革命則抱比較積極的態度。蔣氏認為自鴉片戰爭以來，中國的近代化方案有四，它們是自強運動、維新運動、義和團之亂及辛亥革命。他認為前三者都是失敗的。考其原因，主要是自強運動及維新運動的領導人的西方知識不足，再加上頑固派的阻撓，故無法改革中國。而義和團則是反西化，反對近代化，其失敗亦是必然。他認為孫中山所提之三民主義方案則認為可行。蔣氏所持之理由有二，首先是孫中山十三歲便出國，對西方之認識大為超過李鴻章、康有為。其次為孫中山所接受的教育是科學教育。而科學的思想方法是近代文化最珍貴的一部分，故他認為孫中山之三民主義改革方案是最可行的一個。[15]蔣氏是一九四三年在其《中國近代史大綱》發表此看法。其時蔣氏已稍更改其對中國改革看法。在一九三三年之前，蔣氏認為社會文化之改變才是中國近代化之基礎，但自一九三三年後，蔣氏已逐步改變觀點，認為辛亥革命最大之問題是推翻了統一中國的皇帝制度，反而使中國四分五裂。要改革中國，必先在建立一穩定政治架構。[16]孫中山

---

[14]　同上，頁 21。

[15]　同上，頁 107。

[16]　〈慶祝中華民國誕生的回顧與展望〉，《蔣廷黻選集》，頁 953-955。

所提之軍政，訓政及憲政三個階段政策，是一個可行之政治方案。不過可以注意是，西化與科學仍是評價孫中山方案的最重要標準。

　　蔣廷黻的自由主義觀點對台灣出版之中國近代史教科書影響頗巨。一九四九年以來，在台灣出版之中國近代史教科書籍，多以中西文化接觸為中國近代史之起點，甚至有追溯至明朝傳教士來華作為近代史之開端。由於以文化作為主軸，蔣氏將近代以來一些中西糾紛視作文化誤解，甚至是傳統與現代的對壘，因而引至批評，[17]最明顯的例子是他對琦善在鴉片戰爭中擔任角色所作之評價。平心而論，蔣氏之史學是以史料出發，其論斷是有其依據。問題是蔣氏深受自由主義影響，因此影響他對歷史一些評價。首先是在自由主義的影響下，蔣氏認為現代是絕對好的，而傳統是絕對壞。絕對化的歷史會產生偏見。最明顯的例子是蔣氏為了突顯西方之民族國家制度的現代性，蔣氏建構了一個傳統中國之天朝朝貢制度。中國歷史上是否存在這種典型之朝貢制度，現在已引起學者懷疑。James L. Hevia指出朝貢制度不但歷朝有變化，而且它亦不是純粹臣屬關係，而是有其中外交通的意義。[18]其次，蔣氏亦把開放觀念意識形態化。開放是一件好事，但絕對化亦會產生相反效果，因為往來是一個相互過程。英國之所謂「開放通商」口號是其十九世紀自由貿易政策下一個產物。而自由貿易又是英國工業革命後工商業者之要求。其一廂情願十分明顯。但自由貿易政策在十

17　謝康，〈評蔣廷黻「中國近代史大綱」〉，《出版與研究》，第 38 期（1979.1），頁 33-40。

18　有關朝貢制度的新解釋，可參看 James L. Hevia, Cherishing Men from Afar (Durham & London: Duke University Press, 1995)。

九世紀下半葉已成為英國爭論焦點。事實上，英國自二十世紀開始即修改其自由貿易政策，實行關稅保護政策。是以蔣氏要評價開放政策，必須同時指出西方的歷史背景。

二、民族主義對辛亥革命的評價

民族主義在近代中國史扮演極重要之角色，但研究民族主義對中國近代史學的影響進行較細緻的分析則不多。事實上民族主義只是一個概括的觀念。細分之下，在民族主義的框架下，仍有不少差異。本文僅舉出兩種民族主義的方法，以觀察其對辛亥革命的解釋。

民族主義其中一派之倡導者是清史權威蕭一山。李金強認為蕭一山所提出之「民族革命說」，是台灣中國近代史研究的早期主流理論。約在同一時間，吳學明亦提出蕭一山之「民族革命」史觀。[19]在這裡先簡略介紹民族革命史觀之內容。蕭一山認為辛亥革命之源流可以上溯至清初天地會成立，中為太平天國繼承，至辛亥時方開花結果，所謂「天地會肇其端，太平軍揚其波，革命黨竟其功」。[20]因此，辛亥革命之反滿，實為清初以來民族主義的發展的結果。承傳是民族主義史觀一個重要成分，蕭一山要強調辛亥革命與天地會之直線關係是自然之事。不過，蕭氏亦承認三者並非完全一致，其間是互有差異。在清初，反清復明是天地會之口號，但到了太平天國時期，則只反清，並不復明，到了清末，因為列強威脅存在，革命黨又

---

[19]　李金強，〈傳承與開拓──一九四九年後台灣之中國近代史研究〉，《中國近代史新趨勢》（香港：教育圖書公司，1994），頁 37-76；吳學明，〈蕭一山的「民族革命」史觀〉，《明志工專學報》，第廿七期（1995.5），頁 255-268。

[20]　蕭一山，《清史》（台北：中華文化出版事業委員會，1957，三版），頁 4。

不能單純反清，同時更要結合清朝部分機制，最重要是要聯絡新軍，亦成為袁世凱日後奪取革命成果的原因。[21]

　　蕭一山認為辛亥革命是一個承先啟後的轉折點。所謂承先，是它接受了天地會以來之反滿民族主義；所謂啟後，它開啟了近代之國民革命。蕭一山認為中國之民族革命，除了上述天地會，太平天國及辛亥革命三時期外，辛亥革命又可以分為三個階段，第一階段是應付來自列強之挑戰，第二階段是日本帝國主義，第三階段則為蘇俄帝國主義。而國民革命內容除了民族革命外，更包括政治及社會革命。這是蕭一山之三階段三時期之民族革命史觀。[22]

　　蕭一山的民族革命史觀除了受民族主義的承傳觀念影響，另外一個重要之成分則是它的經世思想。他在一九三六年成立經世學社，並於次年創辦《經世半月刊》。經世思想是他的民族革命史觀一個重要來源，其三時期三階段之觀，實與時局有密切關連。據吳學明指出，蕭氏之民族革命史觀最先見於一九三八年，當時只有三階段，即打倒滿清及列強、打倒列強及日本、打倒日本三個階段。隨著抗戰延續，中國之民族主義運動逐步發展，其民族革命史觀已亦不斷修正，到一九四五年，蕭氏已將反滿運動源頭上溯至天地會。一九四九年國民政府遷台後，反共抗俄之國策形成，蕭氏之三時期三階段之理論亦臻完備。[23]

　　經世思想對蕭一山另一個影響則是不排斥新文化運動。民族主義者的特點是信守傳統，而新文化運動則鼓吹現代，兩者

---

[21]　同上，頁 5-6。

[22]　同上註。

[23]　吳學明，〈蕭一山的「民族革命」史觀〉，頁 255-268。

涇渭分明，水火不容。蕭氏固然是信奉民族主義的承傳觀念，認為中國的過去是偉大的，但卻主張改造中國舊有文化。蕭一山接受羅素的看法，認為中國文化雖沒有西方文化的科學性，但其優點則是合理性，形成中國的中庸文化。不過他認為中庸之道在孔子後已失傳，「使我們千百年如一日，完全停滯在中古式的農業社會中」。因此他主張改造文化，醫療以往的創傷，才可能恢復固有文化。因此蕭一山之所謂傳統，只不過理想化了歷史，非民族主義的承傳觀。[24]是以蕭氏認為洪秀全知識不足，無法擺脫舊社會的影響，但又要向舊社會挑戰，最後造成太平天國的失敗。[25]而孫中山之領導下之辛亥革命，一方面繼承中國固有之中庸傳統，另方面吸收西方之科學精神，創造一種新文化，為中國開創一個新前途，成為世界大同的基礎。[26]

　　蕭氏之民族主義可以說是一種經世式的民族主義。所謂經世式是指服務當前社會為其最大目標，而歷史研究只不過為實踐此一目標尋找其根據。由於已有一定目標，故它的歷史觀是直線的，樂觀的，歷史是依其意願向前發展。故辛亥革命是承接中國歷史而來，同時又能涵蓋國民革命以至新文化運動。不過由於其涵蓋性過廣，角度又過度樂觀，不容易觀察社會內在矛盾問題。

　　錢穆是代表另一種民族主義傳統。錢氏著作雖多以傳統中國歷史及文化為主。事實上他對當代之政治及社會事務仍十分關心，故其學術著作與時局是息息相關的。但他堅持民族主義

---

[24]　蕭一山，〈論文化改造運動〉，《蕭一山先生文集》（台北：經世書局，1979），頁 201-203。

[25]　蕭一山，《清史》，頁 119-122。

[26]　同上，頁 209。

的承傳，認為要解決中國當代問題，必須向歷史尋求答案。[27]

錢穆認為辛亥革命的起因是中國由政治領導改革社會之希望已斷絕，不得不由社會領導來改進政治。所謂社會，錢穆是指「社會民眾之力量」。[28]中國在辛亥時期之所以要改進，其原因有二：第一是「外患之紛乘」，其次為「內政之腐敗」。所謂外患是指西力東漸，中國不得不變。不過，與現代派不同之點，他反對中國是一個封閉自大排外之國。「〔東西〕驟相接觸，彼好譏我為自傲。夫一民族對其固有文化抱一種自傲之情，此乃文化民族之常態」。[29]中國問題是變得不夠快，但重點仍在內政上之不振，而且這種不振，均有其歷史根源，不明其所在，實無從改變。

錢穆認為中國問題可溯源至唐朝消融門第。由於貴族消失，社會遂失去與政府平衡之中間階層，造成王權上升，民間不得不倚賴政府。再加上科舉侵餂士人氣節，故唐中葉以後，君權愈來愈高，無以克制者。到滿清建國，由於異族入主，行使高壓政策，連原來民間之講學風氣亦失，於是上者為訓詁考據，下者為八股小楷，於是政府與民間所賴以溝貫之橋樑遂腐斷。是以要改革，遂不能不改專制制度。[30]但中國清末要改專制制度遇上一兩難之局，因為專制君主是滿人，以少數人控制多數人，自然不會輕易言改，結果反滿運動是無可避免，同時由反滿進一步要去君主制。

---

[27] 有關錢穆學術著作與經世關係，可參考黃克武，〈錢穆的學術思想與政治見解〉，《國立台灣師大學歷史學報》，第 15 期（1987.6），頁 393-412。

[28] 錢穆，《國史大綱》（台北：台灣商務，1974，修訂版），頁 694。

[29] 同上註，頁 681。

[30] 同上註，頁 25。

　　換言之，錢氏是由中國歷史之發展看辛亥革命，並不以其純為近代化之結果。他對辛亥革命之評價亦以此作為標準。他同意以反滿作為辛亥革命之號召，因為「此在我民族自身歷史中有生命有淵源」。[31]但他對因反滿而導至王室之被推翻卻感到可惜，這點與自由派有相同看法。不過自由派的觀點是維持政治架構穩定，而錢氏則認為「推翻王室之故，不免將舊傳政制一切推翻。當時似誤認以為中國自秦以來，即自有王室以來，一切政制習慣多半是要不得，於是乃全棄我故常之傳統，以追效他邦政制之為我所素不習者」。[32]錢穆認為五四時期之打倒孔家店之文化革命，辛亥實已肇其端。錢氏認為這亦是唐宋以來社會失控之結果。

　　因此錢氏對辛亥革命的看法，完全是根據他的民族主義架構下而發。他的民族主義，可以稱為個體式的民族主義。這種個體式之民族主義，雖然同樣與經世式主張民族內的承傳，但個體式更主張歷史內部的綿延性。歷史既是一個綿延不斷的連續體，外來的影響是有限度，外來者亦是無法參予，同時新文化亦無可能取代舊文化。錢氏這種看法，是他支持孫中山三民主義其中一個原因，與蕭一山主張西力東漸對中國之影響及舊文化改造之必要性的看法是不同的。[33]這種個體式民族主義，固有助發現自我，進一步建立信心，並為當代問題尋找本土性的答案，但亦在世界與中國間建立障礙，無法相通，很多時造成全體與個體間的矛盾。錢氏之個體式民族主義，亦影響其對社會看法。由於錢氏主張社會是各個個體組成，因此反對馬克

---

[31]　同上註，頁 699。
[32]　同上註，頁 699。
[33]　蕭氏主張向西方學習，見其《清史》，頁 27-28。

思以經濟總括社會面相,主張社會應有經濟以外其他部門,包括文化。這亦是他支持三民主義另一個原因。

三、結論

　　由上述各種史觀觀察,可見有關辛亥革命的評價不但是十分分歧。最樂觀自然是經世式的民族主義者,他們認為辛亥革命是承先啟後,上接明清民族主義傳統,下開近代國家基礎,故傳統與近代完全沒有割裂,與世界接軌亦沒有矛盾,為辛亥革命描繪出一幅美麗的遠景。傳統對於經世民族主義者只是一個符號,沒有實質含義。最悲觀的是自由派,他們認為傳統是近代化的障礙,所追求的近代化社會,在辛亥後絲毫未得到實現,繼續革命是必然的道路。而個體式的民族主義者則是最矛盾,他們同意近代社會中自由的重要性,但堅持歷史綿延性,自由不得不屈服於歷史,與世界亦建立一個不能逾越的鴻溝。這種對辛亥革命變動中的評價,反映出辛亥革命對中國帶來的影響似乎仍未完結,這才有這許多衝突意見的出現。從開放到自主,從傳統到現代,這些命題到現在仍未得到解決,反映到辛亥革命的評價中,自然仍有許多差異。

　　不過,在自由主義與民族主義之差歧中,仍然可以找出共通地方。對民族及文化,兩者均持肯定看法。在大陸的資產階級革命論中,民族與文化均只不過是社會結構中的上層建築,隨著革命的進展,兩者早晚是會消失。但在台灣,民族與文化仍然被看作社會一個重要構成。民族主義者固然堅持民族這一概念,甚至自由主義者,他們仍承認民族是近代化不可缺少的因素。這亦是蔣廷黻支持一個有力政府的原因。兩者亦認為社

會的基礎是文化，不是經濟。要改革中國，不是從社會結構入手，而是從文化改革入手。這些共通點，對近代中國思想文化的研究，是可以進一步深入的題目。

第二章　儒家思想與清末對外關係：
王韜與日本

　　晚清的對外關係通常被看作是由傳統朝貢制度到現代外交制度的過渡階段。所謂傳統朝貢制度，是指以儒家思想為基礎的對外交往方式。即中國皇帝是由天授命以統治萬國，故其周邊國家應服屬中國，並透過以下觀見上之朝貢機制，與中國建立交往關係。也由於這種從古的不平等朝貢制度，養成中國自大及閉關自守之習慣。[1]所謂現代外交制度，是指以自十六世紀歐洲發展出來的一種國際交往方式，它強調家國是一個具政治主權的獨立單位，並以此作為各國平等交往之基礎。因此研究中國近代外交史，除了反抗列強侵略外，另一個重要的命

---

[1]　有關朝貢制度之論述，最典型之代表是 John K. Fairbank。其概括餘述，可參考 *The United States and China* (Cambridge: Harvard University Press, 1983, 4th edition, enlarged),158-163。事實上，蔣廷黻應是最先提出這個觀念的人，費正清應是在三十年代來華留學時受他影響，見蔣廷黻，《中國近代史》(香港：上海印書館，1979，港三版)。

題即是中國如何由傳統之朝貢關係過渡到現代外交體制。

　　本文是以王韜與日本為主題探討王韜對外認識。希望籍此了解在這個過渡期所產生的一些問題。王韜是一個接受傳統教育的知識分子，亦是清末裡有機會親自接觸西方的少數的幾個人。在近代史上，他一直被視作主張開放政策的代言人，認為「時至今日，泰西通商中土之局，將與地球相終始矣，至此時而猶作深閉固拒之計，是直妄人也而已」。[2]本文所要提的問題，是由傳統過渡到現代外交體制是否一個必然的撰擇。事實上，這種直線發展模式是有問題。因為無論朝貢或現代外交體制都並不是一個單一模式，它的內容是多樣性，以一種僵化態度待朝貢制度或現代外交體制都會對歷史產生誤解。

　　就朝貢制度而言，最近一些研究指出它並非是一個封閉或僵化體制，它的對外交往方式是因時因地而異，最明顯是在朝貢制度中，沿海與亞洲內陸國家所得到的接待並不一致，甚至有學者認為這是中國之對外防衛體制，並非視朝貢國為臣屬。[3]亦有學者認為中國對待朝貢國所用之禮儀，表面上妄自尊大，實際上是利用禮儀之模糊性，對不同國家調整其態度，使到交往的雙方能各蒙其利。[4]就現代歐洲外交制度而言，它本身亦非一成不變，歐洲外交制度源於公元一六四八年之威西法利西和約，它承認國家主權在國際政治之地位，不過主權國家在這

---

[2]　〈睦鄰〉，《弢園文錄外編》，楚流選注（瀋陽：遼寧人民出版社，1994）（以下稱《弢園文錄外編》（遼寧本）），頁 42。

[3]　John E. Will, "Tribute, Defensiveness, and Dependency: Uses and Limits of Some Basic Ideas about Mid-Ching's Foreign Relations," *American Neptune* 48（1988），p.225-229.

[4]　James L. Hevia, *Cherishing Men from Afar: Qing Guest Ritual and the Macartney Embassy of 1793* (Durham & London: Duke University Press, 1995).

制度中並非完全是處於對等地位，而是有等級之分。歐洲外交制度在十九世紀末因帝國主義及民族主義的出現而有所轉變，前者破壞了主權之不可侵犯性，後者則要打破以權力為基礎之歐洲國際系，要求主權平等。這兩個因素都促使近代外交制度在十九世紀末產生變化。[5]因此，無論朝貢制度或近代外交制度，它本身的內涵是多樣性，不可能存在直線的過渡。在十九世紀末，當中國遇到所謂西方的挑戰時，它面臨不是過渡的問題，而是如何選擇的問題，而王韜的對外思想，就是這個選擇過程的一個例案。

一、十九世紀之世界與春秋時代

　　就清末的對外關係，一個常為人所忽視之現象是春秋戰國時代常被拿來類比作當時的世界。它之所以遭受忽視，大概是因為用二千多年前發生的事來解釋十九世紀的世界，其實用性會有多少，實在是值得懷疑。不過若從歷史是歷史家之再解釋的角度看，則春秋戰國這段歷史會再度成為清末對外關係的議題，自然有它的時代意義。事實上，它是清末對世界秩序一個再解釋的象徵。

　　首先提出春秋戰國看法的人是張斯桂。[6]丁韙良在一八六

5　可參考 F.R. Bridge & Roger Bullen, *The Great Powers and the European States System* (London & New York: Longman, 1980); Arno J. Mayer, *Political Origins of the New Diplomacy* (New Haven: Yale University Press, 1959).

6　《扶桑遊記》（近代中國史料叢刊 614）（台北：文海出版社），閏三月廿八日條。「張公，字魯生，名斯桂。張公於滬上，曾識一面，一別二十年矣……時張公方銳意為西學，欲刻海寧李壬叔天算諸書。其作萬國公法序，指陳歐洲形勢，瞭然如掌上螺紋。以春秋列國比歐洲，此論實由公刱」。

三年出版萬國公法時，曾請張斯桂作序，在序中張斯桂首先提
出這概念，認為中國為「首善之區，四海會同，萬國來王……
此外諸國，一春秋時大列國也」。張斯桂指出俄似秦、英似晉、
法似楚、美似齊。他認為英法有如晉楚，不會有害，而俄國與
美國則是兩強，其中俄國在北方擴張，最具威脅，美國則以正
義號召天下。在這四強以外，則有普魯斯、澳地利及意大利等
國，然因有會盟征伐諸事，故亦有恃無恐。第三等為最小國家，
淪為強國之附庸。[7]

　　王韜無疑是受張斯桂影響，以春秋戰國類型來觀察當前世
界。不過，王韜與張斯桂之看法卻稍有不同。首先他的分類與
張斯桂稍有差異，「俄羅斯今日之在歐洲，其猶戰國時之秦
哉……則奧猶戰國時之魏也。其次則普，普猶戰國時之趙也，
兵強士練，足以與俄一戰……意大利介於歐洲之中，雖國勢未
盛，而向為盟主……則猶戰國時之燕也。至英、法兩大國，則
猶戰國時之齊、楚也」。[8]換言之，王韜再推一步，以戰國時代
作為其分類模楷。同時把英國看作齊國，取代美國地位，顯示
他對英國的重視。但更重要之一點，是王韜不以權力來看待當
時之國際形勢，王韜曾在一八七四年與外人辯論世局之趨向。
他撰文表示世界會走向大同，結果某西人為文反駁，認為各國
俱「五方之人，言語不通，嗜欲不同，而能合而一之歟？」該
西人並以東周為例，「夫以周天子在上，而諸侯之強弱，且各
有區別焉」，故反對王韜之大同說。[9]但王韜則認為春秋戰國之
分裂，不但不是分裂，而是統一之先兆。

---

[7]　〈序〉，《萬國公法》，（同治三年，京都崇實館刊本）。

[8]　〈合六國以制俄〉，《弢園文錄外編》，頁172。

[9]　〈答西人論〉，《循環日報》，轉載自《申報》，同治十三年十一月十五日。

中國天下至今凡三變，巢燧羲軒以來謂之創，一變而至
堯舜，大啟文明之治。三代之衰，禮崩樂壞，古法蕩然，
一變而至秦漢，君尊民卑，上下日睽，法律之行，動與
古異，勢力相傾，土疆漸闢，一變而為今之世，全地球
之眾，彼此往來，聲教之訖，無遠弗屆。機械變詐之巧，
至此而極。是則前天下之由合而分，後天下之由分而合。
其所謂嗜欲性情，語言文字之不同者，特其跡耳。[10]

　　在這裡，王韜試圖以中國過去經驗說明歷史之發展方向，
世界最後會走向大同，而各國間目前之差異只不過是表面現象
而已。至於王韜統一天下之方法，則沿用傳統之宇宙觀，以道
作為整合之工具。「天下之道，一而已矣，夫豈有二哉！道者，
人人所以立命，人外無道，道外無人」，雖然中國信奉儒家，
西方信奉耶穌，以及各個不同之宗教，其實其本皆同，其差異
是因為「道不能即通，則先假器以通之」。[11]至於道如何能反
映到現實的國際關係上，王韜強調國家強弱並非絕對，而是會
隨天道調整。他以普法戰爭為例，普魯士能夠戰勝法國的原因，
除了它本身之努力，更重要是天道之安排：

我所尤深感者，不在國運而在天心也，普法啟釁之始，
不自其先，不自其後，而適在去歲之秋，蓋天不欲法以
私忿毒天下……善體天心者，無虞鄰國之難，而益勵其
修，奮武衛，振邊防，習戰守，練水攻，造艦砲，精藝
術，師長技，明外情，先自立於無間之地，而後敵乃不

---

[10]　同上註。

[11]　〈原道〉，《弢園文錄外編》（遼寧本），頁3。

得伺。[12]

　　因此法之失敗，最主要是在其擴張無度，故上天給予處罰。由於有天道之制限，王韜對當時之同治年間之國際關係是十分樂觀，在一封一八七三年信中，王韜與方銘山討論法國侵越南事。[13]王韜認為法侵越南甚急，但最嚴重問題是越南不思振作，無法自強。王韜建議是暫用外交手段，越南派使者出使歐洲，以萬國公法與之周旋。王韜認為此法尚可行是因為：

> 泰西諸國素不以滅人之國為己利，而事有關於一洲大局者，諸國皆得以起而議之。為今計者，內和法人，外則與歐洲諸國通商。保疆禦侮，即由於此。[14]

　　在這裡，王韜把他對天道的信念，轉換成為萬國公法。他相信各國間雖存在著差岐，但仍有機會在萬國公法整合下和平共處。雖然王韜並未說出達成大同之道，但他這種道的概念，是類似以後成為西方和平運動基礎的自然法。

二、王韜對日本之開始認識

　　王韜雖然得風氣之先，很早便在上海接觸外人，但與日本人之接觸卻是很晚，一直要王韜到香港後才有一定認識。[15]

---

[12] 〈普法戰紀前序〉，《弢園文錄外編》，卷 8，頁 15a。

[13] 〈與方銘山觀察〉，信是在一八七三年發出，見張志春，《王韜年譜》，（石家莊：河北教育出版社，1994），頁 107。

[14] 〈與方銘山觀察〉，《弢園尺牘》，（上海：淞隱廬，光緒癸巳[1893]），卷 8，頁 18b。

[15] 日本人正式到上海是一八六三年，由長崎出發之千歲丸，但王韜已先於一八六二年到香港。見王曉秋，《近代中日文化交流史》（北京：中華書局，1992），

　　王韜對日本認識是以接觸日人八戶宏光為始。八戶宏光為德川之近親，世襲華職，一八六六年在往歐洲遊覽畢後，經香港，認識王韜。八戶給予王韜之印象極佳，首先八戶是一個十分開通的人，不但「於英國之語言文字，皆能洞曉」，而且在英國遊歷時，「覽其山川風物，詳觀各機器水火二力之妙用，而悉會通其旨」。這種對西方文化及物質皆有所了解，在當時自覺在傳統中國無人賞識之王韜，是頗有空谷迴音之嘆。八戶宏光不但對新學造詣高，對傳統文化修養亦甚好，他與當時廣東讀書人來往，是「投贈詩章，盈於行篋。求書者戶外屢常滿。順叔於書各體無不工」。[16]

　　八戶宏光不但與王韜相處甚歡，並且向王韜介紹日本情況。指出日本近日致力改革，「邇來國中政事、風俗大有更革，六藝之內既捨弓矢而專習劍舞，騎乘則教之以坐作進退，火器則訓之以施放縱擊，水師則導之以駕駛……今國中己有火輪軍艦八十餘艘，可謂盛矣。前日江戶政府選子弟子十有四人，往英國倫敦學校，肄習文字」。日本不但改革內政，更要在海外振興國威。八戶宏光認為朝鮮自任那國在崇神天皇六十五年向日本朝貢以來，便屢次為日本征服。到德川幕府時更定期五年一貢，但近年朝鮮「負固不服，久廢此例，是以將厲兵造艦，聲罪致討」。八戶並非信口開河，他對朝鮮之事是認真的。因此當八戶道經上海時，便曾致信廣東「中外新聞」，聲稱日本將伐朝鮮。八戶順叔此舉引起總理衙門注意，轉告朝鮮政府，

　　頁109-118。

[16] 〈日本宏光〉，《甕牖餘談》(近代中國史料叢刊三編606)(台北：文海出版社)，卷2，頁7b。

導致日韓間發生外交糾紛。[17]

　　王韜對八戶之說並非完全相信，八戶所言日本已購有火輪軍艦八十餘艘，王韜認為是誇大之詞，實際所購不過二十多艘而已。但八戶對日本所抱有之信心，則給予王韜十分深刻印像，故曰：

> 日本近來人才迭出，務在留心經世實學，歐洲文士所譯天文、歷〔曆〕算、醫術、格致各書，無不深研，力索其所著……於西國情事，洞若觀火，而國中亦有輪船砲局，力講富強。嗚呼！志豈在邇哉。[18]

　　除八戶宏光外，王韜在遊日前所認識之日人似乎只有名倉松窗及寺田宏。[19]

　　總括而言，王韜在遊日本前認識之日本友人雖不多，但它給予他的印象是深刻的。王韜認為日本士人「類皆能文章，講道學，經術、詞翰戛然有深造，非越南、高麗、琉球之可比。韜略得其近人著述觀之，多慷慨激昂，感時憂國之言，患泰西諸邦之逼處，而亟思為自強計，其國固不乏有心人，誠未可輕量也」。[20]

　　然而，王韜在同治年間對日本之了解是僅此而已，並未有

---

[17]　朴炳奎，〈近代中國對朝鮮門戶開放之影響〉（中國文化大學史學研究所碩士論文，1997），頁 60-62。

[18]　〈日本宏光〉，《甕牖餘談》，卷 2，頁 7b。

[19]　名倉松窗是一八六三年，王韜初到香港認識，但王韜自言此後未再重遇，直到王韜訪日時，才在源桂閣家中再度見面。見〈與日本源桂閣侯〉，《弢園尺牘》，卷 12，頁 8a。而寺田宏則約在一八七七年前後認識，見〈湖山侗翁詩集序〉，《弢園文錄外編》，卷 9，頁 9a。王韜言在一八七七年，曾託寺田在日本買書十餘種。

[20]　〈與余雲眉中翰〉，《函園尺牘》，卷 10，頁 18a。

進一步深究。考其原因，首先是王韜把中國對外關係之重點放在歐洲。最明顯之一個例子是中日兩國通商一事，八戶宏光曾表示中日兩國文化上及生活上都十分接近，故應該建立商務關係。王韜雖然了解日本並非朝貢國，兩國是「代有使至，書問饋遺不絕，然前史書之皆曰入貢，其實非也」。[21]但對日本通商問題，則認為「當由日本國遣使入請，中國從不以務商為國本，以商之富乃末富也。商人之事，任商人自為之而已」。[22]這反映出在同治年間王韜在經濟思想上仍是比較保守，[23]亦看出王韜是採用與歐洲不同態度對待日本。

其次妨礙王韜了解日本之原因是其著重內治之自強觀。最明顯一個例子是他對一八七四年台灣牡丹社事件的反應。牡丹社事件的發生，其主要原因是日本要籍此確立其對琉球之主權，其次則為殖民台灣。[24]不過王韜並不能掌握日本此次軍事行動之目的。他認為日本之出兵台灣，是「籍口生番，侵我台疆，駐營瑯嶠，久留不去」。[25]對於日本之行動，王韜在其「代上黎召民觀察」信中，並無提出有效行動方案。他的辦法是「當先與泰西諸公使集議，據公法以折衷，移文日本，使之撤師謝罪。此外特簡欽使，專往日本，面見國王，與之據理言情，請下撤師之詔」。當然，日本並不一定是接受和議，王韜則建議

---

[21]　〈通商日本說〉，《甕牖餘談》，卷4，頁12b。

[22]　同上註。

[23]　對商務看法之變化，可參看張海林，《王韜評傳》（南京：南京大學出版社，1993），頁227-234。

[24]　有關日本出兵台灣之目的，向有爭辯。有人認為是以琉球為主，有人認為是以侵略台灣為主，可參考藤井志津枝，《近代中日關係史源起--1871-74年台灣事件》，（台北：金禾出版社，1992），〈導論〉。

[25]　〈代上黎召民觀察〉，《弢園尺牘》，卷9，頁10b。

以此為自強之機，即「練水師、備戰艦、講兵法、固邊防、築砲台、遷廠局、儲煤鐵、購槍炮」，王韜認為日本明治維新後，國有內亂，在中國嚴防下，它是無法久留，必要退兵。相對來說，王韜一直不滿意清朝自強運動之幅度及速度。每次只在有交涉時才厲兵秣馬，但當事情一過去，又恢復常態。故對這次日本出兵，他認為是對中國自強有幫助。「當今髮捻回苗次第蕩平，內憂弭矣，天特慮我之宴安，俾日本與我為難，以深惕厲。由是觀之，外患之來，適以強國」。[26]

王韜一直是持著內政改革優先的自強觀，軍事上之勝敗只不過是表面現象。這種安內先於攘外看法，亦反映在他對中日關係的看法。他認為日本自擊退元朝來犯之軍隊後，對中國便一直存在輕視心理。但他對日本之威脅似乎並不在意，因為他認為軍事上之勝利只是暫時，國家能否實行仁政才是長期之因素。他能引用日本之著作以批評日本在明治維新後之軍事行動：

> 王者之用兵得己乎……而無非仁義之用。是民之於上，如子弟之衛父兄，如手臂之捍頭目，以戰則無敵於天下，王者不興，諸侯相吞噬，仁義廢而權詐行，王者之兵〔之〕法於是乎變而為權謀形勢技巧之流，皆所以害民，而民遂為不義之用矣。然其能者亦有以擒敵而拓地，惟其不出於仁義，故雖威逞一時之欲，而不能自救禍敗於後。[27]

由於王韜這種以內政改革優先之道德觀，使他忽略了解日

---

[26] 同上註，卷 9，頁 14a。
[27] 〈論日本猝長於用兵〉，《循環日報》，轉載自《申報》，同治 13 年 11 月 24 日。

本之重要性。

　　王韜把日本提到其世界秩序的架構內是在琉球問題爆發以後。琉球是在一三七二年（洪武五年）正式向中國朝貢。但在一六零九年時薩摩藩又出兵征服琉球，形成琉球向為兩國共同所有現象。到明治維新，日本為著伸明其對琉球主權，首先在一八七一年封琉球王為藩王，使琉球內屬進一步具體化。同時亦趁琉民在台灣遭原住民殺害，征伐台灣，以伸張日本對琉球主權。但這一切動作，都是日本在幕後運作，未曾正式公開化，故連辨報之王韜亦未曾留意到。直到一八七五年，日本正式禁止琉球向中國朝貢，而在一八七七年三月，琉球王遣使到福州要求中國出面，於是琉球問題始成為國際事件，為國人週知。而亦在此時，王韜開始收集資料，撰寫有關日本與琉球文章。

　　王韜有關琉球之發言主要分兩個層次。首先他要論証中國比日本更早與琉球建立關係。王韜認為中國在隋朝便知琉球一地，唐以後便漸通中土，而根據《日本別史》，日本最早通於琉球應是唐玄宗天寶十二年，故應晚於中國。至於納稅稱貢，王韜否定日人以唐玄宗開玄二十三年即貢於日本之說，認為最早是在一六零九年入貢，亦晚於中國。[28]不過王韜談琉球問題，重點並不在是琉球應歸中日那一國，而是強調琉球是一個自主之國。因此王韜在論証琉球非日本屬國後，他強調「據理而言，琉球自可為兩屬之國，既附本朝，又貢日本」，故日本之責任在「即使蕞爾彈丸，弱小不能自強，亦當相與共保之，俾得守其千餘年來自立之國，斯乃所以聯唇齒而固屏藩之義」。[29]這

---

[28]　〈琉球向歸日本辨〉，《弢園文錄外編》（遼寧本），頁218-219。

[29]　同上註，頁222。

種以扶助弱小，以自立之國看待屬國，是對傳統封貢制度的一個新解。事實上傳統朝貢制度中，藩屬關係有一定體制，朝貢國並非完全是一個自立之國。[30]而對所謂扶助弱小，更是王韜道德觀之一個引申。

　　自主國之觀念並非只用於琉球，在日本亦一樣。王韜指出日本自推古朝始，即遣使到中國通問，「自後使聘往來，史不絕書」。中國歷代史書均以日本為朝貢國家，列於屏藩，甚至《大清一統志》亦犯有同樣錯誤。王韜認為兩國關係，不過「聘問來往而已」。[31]不單如此，王韜更在文化上極力釐清中日兩國關係，並非所謂同文同種。不但指出琉球是自主，亦指出日本是自主。而且他強調日本與中國之差異，他首先懷疑日本人是徐福之後一說，他認為日本史自言建國於神武天皇，距今二千五百三十六年，雖然遠古時代，難以考察，但「亦何待至秦始之時而始有人類哉」，他甚至認為蝦夷便是日本種族之源，非是中國人。至於中國人也許間有移民至日本，但總括而言則為少數。[32]

　　在同治年間，王韜對日本雖有所接觸，但了解有限。主要原因是受限他對歐洲事務的偏重及以內政為中心之自強觀。雖然如此，他已擺脫傳統對朝貢國之看法，認為它們本身仍是一個具有自主性之國家。不過在道德上，仍有著扶弱之想法。

30　張啟雄，〈何如璋的琉案外交〉，《第一屆中琉歷史關係國際學術會議論文集》（台北：聯合報文化基金會國學文獻館，1987），註9。

31　〈日本非中國藩屬辨〉，《弢園文錄外編》（遼寧本），頁212-213。

32　〈日本通中國考〉，《弢園文錄外編》（遼寧本），頁210。

三、扶桑遊後對日本的認識

王韜首次亦是唯一的一次日本之遊是在一八七九年,他是五月一日到日本,在經一百二十五日的遊歷後,於八月廿九日離開日本。扶桑之遊究竟對王韜有何影響?這是本節要探討的地方。

扶桑之遊對王韜的日本認識是有一定影響。最明顯是對日本態度之轉變。在其旅程開始時,王韜是相當謹慎的。他在剛到日本時,他曾有信與長崎理事官余元眉,表示他這次旅行純是遊玩,不會談及國家大事,而「日本文士,亦解鄙意,只談風月」。[33]王韜的日本主人亦察覺到這點,岡千仞在《扶桑遊記》跋言便言「先生口不說道學,論不及當時,歌筵妓席,日夜徵逐,不復以塵事介懷」。這是引起當時日人之批評,岡千仞曾為之解釋,認為原因是王韜生平「未有所遇,於是遯跡海島,俯仰感慨,舉其鬱鬱不得於內者,托之於聲色豪華」。[34]但寄寓聲色似乎是王韜一向之生活,這亦未影響到他在上海及香港之放言高論,遠遊到海外之日本,似乎更不應有所顧忌。因此他之所以不談現實,主要是考慮當時中日間因琉球問題產生之衝突。事實上,琉球是當時中日關係之焦點。王韜在赴日前道經上海,便曾走訪郭嵩燾,指出「日本狡焉思逞,九滅琉球」,甚至在東京時亦曾與何如璋及黃遵憲「偶及此事,未嘗不躊躇太息」。[35]但王韜在日本與日本人時卻不談國家大事,則其忌諱琉球可知,亦認為是中日關係間一重大障礙。甚至在一八八零年代,中法因越南問題起齟齬,有日人表示願號召本國人起

33　〈與余元眉中翰〉,《弢園尺牘》,卷 11,頁 6a。
34　岡千仞,〈扶桑遊記跋〉,《扶桑遊記》,頁 237。
35　〈上何筱宋制軍〉,《弢園尺牘》,卷 11,頁 14a。

助中國，王韜則答以「自貴國攻台灣，取琉球，中朝在位者，疑貴國之心甚矣」。[36]這可以是王韜對日本隔膜感之夫子自道。

但在扶桑之旅後，王韜與日本距離拉近不少，而且生出親近感，這種親近感可以在王韜扶桑旅遊後之書信中隨處可見。在與中國人信中，王韜便言「旅居日本江戶者十旬，頗有友朋之樂，山水之歡」。[37]在回覆日本人信中，更懷念日本風景，「湊川山色，瀧嶺泉聲，時時入於夢寐」。[38]他甚至致信重野安繹，指責其在分別後三年中，竟無一信。[39]在文化上，王韜亦強調中日之親近感，一改前此之中日兩國之自主，主張兩國之相近。「我觀日東在昔，雖與我瀛海相隔，不通往來，而其實同文之國也。尊崇孔孟，設立學官，其承道學即濂、洛、關、閩之緒也，其論詩文即漢魏唐宋元明之遺也」。[40]

不過王韜對日本態度改變最大是在外交上，希望與英國、日本結成同盟。王韜主張聯英是有其國際局勢上考慮，首先他認為英國雖然在當時是一個最強國家，但在十九世紀末，其地位已因其他國家之崛興而受到威脅。[41]特別在亞洲，俄國之威脅已越來越大，它為保持其在亞洲之貿易利益，必需找一個與國。不過在王韜前往日本以前，王韜認為英國可以在中國與日本間選擇，王韜認為「中國地廣而日本俗強」，不過為英計，

---

36 〈答日本某士人〉，《弢園尺牘續鈔》，卷1頁25b。
37 〈與楊薪圃明經〉，《弢園尺牘續鈔》，卷1頁16b。
38 〈與日本水越耕南〉，《弢園尺牘續鈔》，卷6頁6b。
39 〈與日本重野成齋編修〉，《弢園尺牘續鈔》，卷1頁17b。
40 〈續選八家文序〉，《弢園文錄外編》，卷9頁12。
41 〈普法戰紀前序〉，《弢園文錄外編》，卷8頁15b。

實應以聯中國為主。[42]但在探訪日本後，王韜卻主張中英日三國聯合抗俄。他認為在亞洲中，「則惟中、英、日三國而已。而三國又不相聯」。[43]這種中日聯合論，在王韜自日本回國後，是常可以看見。[44]

王韜之主張聯日，是否完全是日本之遊的結果。這看法是值得商榷。首先就琉球問題來看，王韜在訪日後並未改變其原來看法。王韜仍強調中國對日本採取強硬政策，而且在有過日本經驗後，更能証明其強硬理由，他具體指出日本之國力有限，兵船只有 24 艘，陸軍只有三萬，而且貿易入超，每年均有銀兩外流。[45]在文化上，雖然王韜因其親身體驗，對日本產生親近感，但他仍了解中日間在文化上之差異。他在給與佐田茅白信中便言，「貴國與敝邦雖文字相同，而所趨門徑各別，惜無韓昌黎、歐陽永叔為之提倡其間，振衰起弊，以歸於一道同風矣」。[46]更重要的是王韜對日本西化政策之批評。王韜認為日本「崇效西法，振興西學，盡棄其舊而新是謀，甚至於改正朔，易服色，冠裳、制度、禮樂、政刑俱為一變……自不知者觀之，以為富強著效，駸駸乎馳域外之觀。其知之者或以為失之於太驟，或以為失之於太似，其實所學西法，亦徒襲其皮毛，未得其精而已」。[47]王韜並未隱藏其不滿，而是公開此種批評，亦引至日人之回應。岡千仞是其在日本之摯友，在閱後亦表示不滿，岡千仞在一八八四年曾來中國遊歷，在其九月廿八日日記

[42] 〈上丁中丞書〉，《弢園尺牘》，卷 9，頁 18a。

[43] 〈中外合力防俄〉，《弢園文錄外編》（遼寧本），頁 168。

[44] 張海林，《王韜評傳》，頁 279-286。

[45] 〈上何筱宋制軍〉，《弢園尺牘》，卷 11，頁 13。

[46] 〈與日本佐田白茅〉，《弢園尺牘續鈔》，卷 6，頁 6b。

[47] 〈跋日本岡鹿門文集後〉，《弢園文錄外編》，卷 10，頁 7a。

便記載：「讀函園文錄，其論海外大勢，剴切確當……唯翁涉彼大體，未究彼學術，故間有論未透者。如論我邦為徒學歐米皮毛，則是也。我邦免至今日，無他，以學得皮毛也。若夫神髓，豈一朝所學得乎」。[48]因此無論在文化上及政治上，王韜仍未脫離其個人原來觀點。他之主張聯日，主要是因為國際局勢變化。

在同治年間，王韜對歐洲各國是深具信心，認為歐洲各國來華主要是尋求貿易利益。但在七十年代末開始，世界已經進進入帝國主義時代，國家間競爭，已經蔓延到亞洲。日本之劃琉球入其版圖，這只是第一個警訊，接著是中俄間在一八七八年因收復伊黎問題使兩國關係呈現緊張。到一八八零年，法國進一步要強行進入紅河，威脅到越南的生存。因此曾致信鄭藻如中，王韜便表示「英人已據有阿富汗而滅之矣，阿之疆宇，隸入版圖，而英又修好於波斯，以勢揆之，暹邏緬甸，將來皆可虞也。法於越南，志在必取，恐不三四年阮宗不祀忽諸，深可悲也。亞洲大局，岌乎殆哉」。[49]在其致岡千仞信中亦言：「東南洋諸島國，今其存者，無一也。五印度幅員袤廣，悉併於英，其存者亦僅守故府，擁虛名而已。阿富汗已為英所剪滅覆，波斯介於兩大之間，將來非蠶食於英，即鯨吞於俄耳，異日越南必滅於法，暹邏緬甸必滅於英……此不過三百年間，而亞洲諸國，已殘食至是」。[50]這種危機感，是同治年間所無的。

在這種緊張國際局勢下，王韜之所以主張聯日，是因其認為日本是小國，日本之軍事實力不強，對中國不會產生威脅，

---

48 岡千仞，《觀光紀游》，卷 5，頁 1b。
49 〈上鄭玉軒觀察〉，《弢園尺牘》，卷 12，頁 2a。
50 〈與日本岡鹿門〉，《弢園尺牘》，卷 12，頁 12。

同時他亦認為日本不得不倚賴中國。日本倚賴中國的地方。首
先是日本由於財用不足，出口不振，只能發行紙幣作救濟，但
其他國家均不收日本紙幣，只有中國接受。其次是日本出口產
品，以海產為主，歐洲各國均無興趣，只有銷於中國。其三是
中日地理上接近，對日本運輸有幫助。故中國只要停止貿易，
防止日軍出兵，便可制日本死命。[51]因此在琉球問題上，王韜
一力主和。本來和便是王韜之基調。王韜在琉事發生之初，便
力主對日本強硬，「其鴟張狼顧之形，跋扈飛揚之性，非有小
挫之，必不肯俯首帖耳」。[52]但對於真正實行卻十分保守，故
曰「以勢言之，尚可從緩，以理言之，在所必爭」。[53]所謂以
理是不用強硬手段，日本不會退，以勢則是琉球之爭，尚非至
急。王韜是希望透過自強方式，使日本知難而退。但到王韜從
日本回來，俄國局勢日漸緊張後，王韜則言「東顧之虞，其小
焉者也。西事之圖，其亟焉者也」。[54]因為他認為「日事則和
戰之權操之在我，俄事則從違之？決之自彼」。[55]因此王韜主
張對琉球讓步，他認為日本對中國仍示友善，且有興亞會，故
琉球可以分為日本與琉球。[56]

　　由於對亞洲國際局勢的緊張，王韜對春秋戰國時候所強調
之王道信心似較低落。西方國家之東來，已非單單為尋求商業
機會那樣簡單，而是涉及種種利害關係，所謂「其間利害相攻，

---

[51]　〈再呈鄭王軒觀察〉，《弢園尺牘續鈔》卷，1，頁 15b。

[52]　〈與方銘山方伯〉，《弢園尺牘》，卷 11，頁 10a。

[53]　〈上鄭玉軒觀察〉，《弢園尺牘》，卷 11，頁 9a。

[54]　〈上何筱宋制軍〉，《弢園尺牘》，卷 11，頁 15a。

[55]　〈上鄭玉軒觀察〉，《弢園尺牘》，卷 11，頁 18。

[56]　〈上鄭玉軒觀察〉，《弢園尺牘》，卷 12，頁 20b。

情欲相感」。[57]這種感覺，在中法越南戰爭最易見。「其藉言則曰利益均沾，其實則皆欲損我以益彼，設我不善為之處置，齟齬立見。泰西與我通商立約四十餘年矣，時挾其所長，肆其凌侮，無厭之誅求，非分之干請，恒出嘗試，我許之則損國體，不許則害起於須臾……雖有和約，其實未足恃也」。[58]王韜對越南問題的看法，與一八七三年時已有不同，當時他認為可借重萬國公法以解決國際糾紛，但現在則對國際條約表示不信任。

雖然如此，王韜仍未放棄其世界大同之希望。他認為國家間差異之出現，是由於地理影響，所謂「深山大川，殊方異域，民生其間者異俗，因土之宜以別其性」，由此而產生「強併弱，眾暴寡」，直到現在為止，地球均無法解決這種分裂現象，原因是「不知一之理」。[59]王韜所謂一之理是不分道與器。他指責有些人「以為形而下謂之器，形而上謂之道」，因此以為只有周孔之道才是道，包括西人文明之其他一切均是器。王韜認為「忠信篤敬，行乎蠻貊」，因此西人與中國人無異，亦是道之所在，故中國之對待西人，「亦惟推誠佈公，必信必速，毋區畛域，毋許漠視，盡我之懷柔，我之胞與，以示大一統之盛」。[60]換言之，王韜強調西人與中國人並無差異地方，而解決彼此間之利害矛盾方法，是由自身開始，用至誠及平等方法，以感化對方。

王韜這種以自強及道德作為中國對外交往方式，到中國在

57　〈擬上當事書〉，《弢園尺牘續鈔》，卷3，頁1a。

58　〈擬上當事書〉，《弢園尺牘續鈔》，卷3，頁8a。

59　〈地球圖跋〉，《弢園文錄外編》，卷10，頁3。

60　〈書眾醉獨醒翁稿後〉，《弢園文錄外編》，卷10，頁10。

甲午戰爭失敗後仍然堅持著。對於甲午戰爭的失敗，認為是迫使中國改革的好機會，「以堂堂絕大中國反厄于藐藐日本一小邦，可恥孰焉。恥心生悔心，萌踔厲奮發……他日轉敗為勝，因禍而為福，胥于此一變之基也」。[61]他亦認為日本此舉，到最後亦會因侵略而自嚐苦果。[62]

四、結論

　　王韜之對外認識，是處於傳統朝貢制度過渡到歐洲外交制度的過渡階段。他了解到中國必須放棄傳統之藩國，故他同意放棄琉球及越南，視之為自主之國。當然，他很少談論到朝鮮，他對朝鮮是否放棄則很有趣。他亦接受平等交往之外交思想，希望與歐洲國家來往。對於日本，他在早期仍帶有排斥色彩。但很快便願意與日本平等來往，特別在觀光日本後。

　　但他未接受西方之國家體制，即以主權作為外交之中心。他追求是一個大同世界。列國分立，對王韜而言只是一個過渡現象。王韜並未提出一個大同之方式，當然他認為中國之道是統一道路，雖然他認為中國之道與西方之道並無太大差異，但他強調用於民，不同方法對不同國家應有不同用法。但他強調是一個道德方式，這在琉球最為突出。因為日本願意與中國共分。這種以道德作為外交準則，到甲午戰爭是完全失敗。

---

[61]　轉引自忻平，《王韜評傳》（上海：華東師範大學出版社，1990），頁 111。

[62]　Paul A. Cohen, *Between Tradition and Modernity: Wang Tao and Reform in Late Ch'ing China* (Cambridge: Harvard University Press, 1974), p. 108.

第三章　世界史和民族史的交匯：
　　　　康有為早期史學思想

　　史學在二十世紀的中國文化史以至學術史上異軍突起，成為一個主流思潮，目前在學術界已有一定共識。[1]但近代史學出現的時間以至其內容，仍然大有商榷地方。在時間方面，近代史學應於何時出現，目前大部份的著作都認為辛亥革命時期，梁啟超提出的「新史學」是其發端。從語彙層次上，這提法並沒有錯。但由其內涵而言，則出現一個真空期。因為近代史學在西方是發源於啟蒙時代的進步觀念，但到十九世紀及二十世紀交替之際，進步史學漸為進化觀念所取代，梁啟超之新史學，是在嚴復提倡天演論的背景下所產生，故中國新史學之出

1　　許冠三，《新史學九十年 1900- 》，（香港中文大學，1986）；蔣俊，《中國史學近代化進程》，（濟南齊魯書社，1995）；吳澤主編，《中國近代史學史》，（江蘇古籍出版社，1989）；張豈之主編，《中國近代史學學史》，（北京中國社會科學出版社，1996）；馬金科及洪京陵共編，《中國近代史學發展敘論》，（北京中國人民大學出版社，1994）。

現，似乎躍過進步這一階段，究竟進步觀念曾否在中國生根，是一個值得探討的題目。

　　其次就近代史學的內容來說，辛亥時期之史學力圖要超越以二十四史為主之傳統歷史觀，創造一個新的敘事形式。這個新敘事形式無疑就是民族史觀，它冀求以一個中華民族概念貫穿整個中國歷史。民族史學其實亦是西方近代史學一個重要構成，它究竟是何時傳播到中國？若以民族一詞成為知識分子的關注點作標準，它亦應是起於辛亥革命時期。不過談論民族主義時卻不能忽略另一點，即它與世界史的關係。世界史觀其實是民族主義一個重要基礎，歐洲在民族史學出現之前，先有地理大發現，由於意識到世界各地存在不同的種族與文化，歐洲人的民族思想才逐漸滋長，因此世界意識是先於民族意識。若中國的民族思想是受西方影響，它究竟有沒有經過世界史這一階段？這是本文希望探討的第二個問題。

　　要解釋上面兩個問題，康有為是一個相當關鍵性的人物。他是梁啟超之啟蒙者，梁啟超的史學認識無疑會受其影響。特別是康有為之三世進化觀，其實是同時具有進步史觀及世界意識色彩。然大部分學者均以康有為之史學思想是完全源於今文經而來，似乎很少人從西方史學角度思考康有為之思想源頭。若從宏觀之角度看，史學既是近代思想的主要思潮，康這方面的貢獻更無法忽視，康有為之史學思想不但影響辛亥革命，亦與日後五四之反傳統史學有關。顧頡剛在其自述中便親自提及康有為在其《孔子改制考》中，開宗明義列出「上古茫昧無稽」，實為其疑古思想之濫觴，此說証明康有為在近代史學有其舉足輕重之關係。

　　本文對康有為史學思想的探討，暫以一八八八年為斷限。

康有為在該年接觸廖平作品，從此改奉今文經學，是康有為思想一個重要轉變。康有為在一八八八年是否真的在思想上作了一個一百八十度之改變，目前史學界仍有不同見解。但我個人認為一八八八年仍是一個重要分水嶺，康有為在是年上書光緒，毅然投身變法運動，他對政治改革的熱衷，不可能不影響到他的思想，康有為當然是一個主觀甚強的人，在一八八八年前無疑已建立他的宗旨，然思想與現實是互動，特別康有為是處身在政治風暴的中心，必須要建構他的變法理論，故思路會更形複雜，有異早期。若不作劃分，將不易釐清康有為之思路變化，然由於篇幅所限，有關康有為後期之史學思想，以後另文討論。

一、歷史意識與民族意識的出現

康有為之歷史意識，是由於世界地理的發現。中國士大夫發現中國以外之地理，始於魏源之《海國圖志》及徐繼畬之《瀛環志略》。但兩者仍囿於中國傳統思想，只以靜態角度觀看世界，缺乏歷史之變化觀點。例如徐繼畬在《瀛環志略》之凡例便明言：

> 此書專詳域外，蔥嶺以東，外興安嶺之南，五印度之北，一切蒙回各部，皆我國家候〔侯〕尉所治。朝鮮雖斗入東海，亦無異親藩，胥神州之扶翊，不應闌入此書，謹繪一圖於卷首，明拱極朝宗之義，而不敢敘一辭。[2]

將中國置於萬國之上，昭然若揭。由於有此種心理障礙，

---

[2]　徐繼畬，《瀛環志略》，（台灣商務印書館，1986），頁 25。

便缺乏歷史上文明起落變化觀點，徐繼畬對印度及歐洲之描繪均如是，在印度方面，徐繼畬指出印度「人習技巧，金漆雕鏤皆精絕，所製玉器薄如蟬翼。其地為佛教所從出，故自古著名」。[3]不但不提印度教，連佛教日益衰微之事實亦闕如。對於印度文明，徐繼畬認為蒙古人力量自印度退出後，與中國「聲靈隔絕，諸部之酋雖強半蒙古苗裔，而與昔日之蠻荒，亦無大區別也」。[4]

對於歐洲，徐繼畬雖注意到其技術上之進步，但對歐洲文明發展過程，仍絲毫未有提及：

> 有夏中葉，希臘各國初被東方之化，耕田造器，百務乃興。漢初，意大里亞之羅馬國創業垂統，疆土四闢……明洪武年間，元駙馬帖木兒王撒馬兒罕，威行西域，歐羅巴人有投部下為兵戎者，攜火藥砲位以歸，諸國講求練習，盡得其妙……以巨艦涉海，西闢亞墨利加全土，東得印度南洋諸島國，聲勢遂縱橫於四海。[5]

康有為對西方地理之認識，是始於一八七九年，該年他閱讀《瀛環志略》、《海國圖志》及《環游地球新錄》等書，在以後數年中，「大攻西學書，聲、光、化、電、重學及各國史志，諸人游記」。[6]康有為之了解世界各地與徐繼畬等是有差別，他是從一個多元而變化的文明觀出發。他認為地球上「政教、文物之盛」，以印度最先，原因是印度左枕崑崙，右控歐、非二

---

[3]　《瀛環志略》，頁188。

[4]　《瀛環志略》，頁215。

[5]　《瀛環志略》，頁294。

[6]　見1879年及1883年條，康有為，《我史》（江蘇人民出版社，1999）。

洲，「得地氣為最先，宜其先盛也」。然其氣往東走，則中國為「東龍」，其影響力則「跨江以至閩、粵，跨海以至日本」；同時另有一氣往西走，則「波斯、猶太」為「西龍」，而歐洲最遠，故其成亦最遲。康有為亦了解到世界上存在著衰敗的文明，「墨西哥、秘魯近掘得前世城廓、殿宇、文字，當時文物必經累聖制作而成」。[7]

　　對各個文明興衰的覺醒，使康有為對世界有兩個新的認識，即一個多元文明的世界及各個文明間有無一個共通的關係。在這裡我先討論第一點，即多元世界文明觀對中國的影響。由於中國只不過是多元文明中之一而已，中國意識不得不自然而生，並從而為中國作一個界定，這是康有為民族意識的源起。但康有為並非以國家作為界定民族的標準，他認為「滅國為小，滅教為大，滅教為小，滅民類為尤大」。[8]中國的教是指儒家之教導，他認為中國文明之核心是義，所謂義即是尊君卑，重男輕女，分良別賤，最後形成「尊中國而稱夷狄」，康有為認為這無對與錯之價值判定，而是地理上形成結果，因為中國西以崑崙山為界，東臨大海，南至五嶺之閩、粵，北阻沙漠，自成一局。「故曰：非聖人能為之也，天也。以環境皆山，氣無自出，故孔子之教，未嘗遠行」，亦因為「中國地域有截，故古今常一統，小分而旋合焉」。[9]

　　康有為不但由「教」來界定中國，更由「民」來界定中國，並為中國民族之源起刻劃出第一個敘事，這敘事可見之於其早

---

[7]　康有為，〈筆域篇〉，《康子內外篇》，《康有為全集》（上海古籍出版社，1987），冊1，頁198。

[8]　康有為，〈筆域篇〉，《康子內外篇》，《康有為全集》，冊1，頁198。

[9]　康有為，〈地勢篇〉，《康子內外篇》，《康有為全集》，冊1，頁193-194。

期作品《民功篇》及《教學通議》。《民功篇》是一個完整之中國上古史敘事系統，共分〈太昊庖犧氏〉、〈神農氏〉、〈黃帝〉、〈堯舜〉及〈禹〉五篇。所謂「民功」，是指人類物質及制度文明之發展過程，康有為曾指出在上古之際，人類進化過程有三個階段，第一階段為鳥獸世界，「人類未生之先，天下為鳥獸之世界，人類遭鳥獸之害多矣」，[10]第二階段為人與獸爭時代，「代經炎農，百法創舉，人道強矣，而鳥獸猶繁，於是與鳥獸爭此天下」，[11]第三階段為人治時代，康有為曾言：「黃帝至堯舜僅百年，制作為人道之極美」。[12]

康有為之寫作《民功篇》，主要是根據清初馬驌之《繹史》。康有為同意馬驌對上古史的一些論斷，如上古所謂三皇時期為虛無飄渺之事，故以伏犧為史事之始，康有為亦主張伏犧「因夫婦，正五行，始定人道。畫八卦，以治天下」，為中國民功之始。[13]馬驌推崇黃帝，認為「黃帝既有天下，設三公六相以為輔，乃造律呂，正歷數，作舟車，通貨幣，制書契，奏咸池，文明大備，端冕垂裳，而天下治矣。」[14]康有為亦同意馬驌講法，認為黃帝創作有功，「神其利器尚象，利用出入，民咸用之，子孫散布於方州，治法永軌於世，以上掩犧農，下啟堯舜」。[15]康有為亦有與馬驌相異之處，首先他強調黃帝之貢獻在統一中國，而非天下，「於是江河之間，萬國合於一統。蓋中國之

---

[10] 康有為，《民功篇》，《康有為全集》，冊 1，頁 45。

[11] 康有為，《民功篇》，《康有為全集》，冊 1，頁 45。

[12] 康有為，《教學通義》，《康有為全集》，冊 1，頁 84。

[13] 康有為，《民功篇》，《康有為全集》，冊 1，頁 12。

[14] 馬驌，《繹史》，《國學基本叢書》（台灣商務印書館，1956），冊 1，頁 62。

[15] 康有為，《民功篇》，《康有為全集》，冊 1，頁 32。

一統，定於黃帝也」。[16]其次是自黃帝以下，顓頊、帝嚳、堯、舜所謂五帝之血緣關係。馬驌認為五帝之血緣非完全相繼，故五帝「以天下為公器，惟賢是擇。近不嫌於傳子，黃帝少昊是已；外不妨於異姓，堯舜是已，顓頊帝嚳以有至德登位，皆以其賢也，非以其親也」。[17]但康有為卻主張五帝出自一家，其論點則是由變法出發。康有為認為「法久弊必生，令久詐必起」，改革是無法避免的事，而中國歷代改革，均要靠改朝換代方能成事，而黃帝以「炎、黃、堯、舜皆出一家，而能變政以利民，故可美也。若性〔姓〕移代，則改朔易色，乃有國之常，何足異而美之」。[18]故他是中國歷史第一個有效自動改革政府，無須改朝換代。康有為之推崇黃帝，因其為中國奠定國家規模及樹立一內部改良模式，代表著他的中國意識及變法意識的出現。

　　《民功篇》除為中國作出界定，要求變法外，更指出黃帝至禹所訂制度優點，首先是是政治制度完善，君權未曾過度擴張，君臣之間以保民為重，地位差距不大，故「君臣以養民為事，所以辨上下者，以臨百姓，而輕重布之，先王非有賴焉」。[19]其次是取士以舉賢為主，非如後世靠科舉取士。[20]

　　然《民功篇》之論述中國文明只止於大禹，以後之變化則闕如，康有為對後世中國文化演變之敘述，可見之於其《教學通義》。《教學通義》共擬有三十一目，但實際上只有廿一目有

---

[16]　康有為，《民功篇》，《康有為全集》，冊 1，頁 32。

[17]　馬驌，《繹史》，冊 1，頁 62。

[18]　康有為，《民功篇》，《康有為全集》，冊 1，頁 25。

[19]　康有為，《民功篇》，《康有為全集》，冊 1，頁 58。

[20]　康有為，《民功篇》，《康有為全集》，冊 1，頁 48。

文字，其他不是有目無文，便是連題目亦缺。整本書是談教育
與政治關係，亦即中國社會道德之基礎所在，而且康有為由周
公制禮作樂開始一直談到宋儒，故可以是一部粗略的中國文明
史，不止是教育問題。《教學通義》中之基本觀點在《民功篇》
便有提及，即社會大治與否，是建立在其成員之道德修養上，
但康有為反對宋儒苦行式之修行，認為道德應建立在外在制約
，所謂制約並非只用政治或社會制度規範，而是政教合一。[21]
這是《民功篇》所談及，亦是《教學通義》重心所在。

　　《教學通義》開宗明義便指出現今教學最大問題是有學無
教，康有為認為周公在制訂禮樂時將教育對像分為民、士、吏
三方面，分別以教、學、官三種方式教人。所謂「教，言德行
遍天下之民者也；學，兼道執登於士者也；官，以任職專於吏
者也」。[22]換言之，透過教、學、官三種政治上之運作方式，
各階層之人民都可以按照其身份受到道德教化。政教合一是康
有為所追求之理想，其奠基者便是周公。周公將學校分為公學
及私學，所謂公學為一般人之學問，包括六藝及本朝掌故，而
私學則指專門學問，如劉向所指之王官之學，包括禮學及兵學
等專門學問。[23]

　　康有為不但在《教學通義》刻劃出中國文明之基礎，更進
一步論及中國文化之衰頹過程。康有為認為政教合一，官吏可
以自公學取錄，但到戰國時期不但王官之書失散，而且「務巧
詐，講詞辨，俗尚大非，冊籍盡去，蓋賢能之書已隨守官之學

[21] 康有為，《民功篇》，《康有為全集》，冊1，頁52-53。
[22] 康有為，《教學通義》，《康有為全集》，冊1，頁84。
[23] 康有為，〈公學第三〉及〈私學第四〉，《教學通義》，《康有為全集》，冊1，頁
　　 86-96。

而同亡矣」。[24]孔子繼周公而起，但由於孔子不像周公有實際之政治地位，只能編輯散佚之王官之學為六經，故「孔子以一身備掌故之宗，嗣文王、周公之道，然既不得位，自無制作之事相迫而來。所與講求者，皆天下之英才，但與講禮、樂、詩、書之道，道德義理之精，自無暇及農、醫瑣細之業，不如有國者實事相近也」。[25]康有為的論述，是採取古文經中「諸子出於王官」說法，未有把孔子推崇極至，與其以後態度不同。

康有為重新詮釋中國歷史，為它鋪陳一個不同於傳統的敘述，代表著他民族意識的醒覺。目前學界討論到民族與歷史的關係，大致上同意歷史只不過是民族主義的工具，民族主義經常利用歷史敘述，作為建構民族的基礎。[26]如果歷史只是工具，則民族的基礎建立在那裡？從西方民族思想之發展過程看，民族意識是建立在啟蒙時代對人的新認識，它包括兩點：人具有主體性及人是自然的產物。就前者而言，啟蒙時代認為人類所以異於其他生物，是因其具創造能力，而創造力又源於人類能自我反省。但主體本身無法作自我認識，其反省必須借助身分認同，因此必須要一個外在身分，這是民族與個體結合之源起[27]；就後者而言，啟蒙時代以自然取代神學，每個人皆有其自然權利，但自然權利必須在人的群體活動才能夠表達，因此社

---

[24]　康有為，〈亡學第八〉，《教學通義》，《康有為全集》冊1，頁116。

[25]　康有為，〈六經第九〉，《教學通義》，《康有為全集》，冊1，頁118。

[26]　Benedict Anderson, *Imagined Communities: Reflections of the Origin and Spread of Nationalism* (London: Verso, 1983); Eric J. Hobsbawm, *Nations and Nationalism since 1780* (Cambridge Universiyt Press, 1990).

[27]　Louis Dumont, *Essays on Individualism: Modern Ideology in Anthropology Perspective* (University of Chicago Press, 1986); Charles Taylor, *Sources of the Self* (Harvard University Press, 1989).

會各種文化特徵，如語言，宗教，經濟活動等，均成為人類自然性發展的最佳表徵，民族亦成為自然與社會結合最方便的說明。[28]因此十九世紀有關民族主義之論述，大致是朝這兩個方向作引申。

康有為在《民功篇》及《教學通義》中雖未使用民族字眼，但要建構一個特殊中國的意願是強烈的。而上述有關民族之兩個因素，亦包涵於康有為的思想中。在個人與民族的關係中，康有為很清楚指出：

> 夫萬物之故，皆有所以然之理，天固與之具，自為調護，自為扶持。其精為人，神明獨運，然亦僅自營。推其同形，其神明愈大者，其所推愈大，亦及其同類而已。[29]

康有為指出個體是自然產物，它是一個獨立體，以保護自我為主。人類亦是萬物個體之一，不過具精神特質，可以擴大。然其極限亦只限於「同類」而已。「同類」，在此可以解作人類或民族，但康有為接著說明界定同類之方式：「其斷限之等，以及其大小遠近，皆自其識為之，所謂智也。智也者，外積於人世，內瀋於人聰，不知其所以然，所謂受於天而不能自己也」。[30]即人類可以用其智以劃分他人與自己所屬團體，而智是得自天成，非人類後天所培養，故民族本身便是一個自然團體，它是由相類的個體所構成。至於辛亥時期爭論甚烈之個人與群體間相關係，康有為似尚未考慮及，但無論如何，康有為是在個

---

[28] F.M. Barnard, *Self-Direction and Political Legitimacy* (New York: Oxford University Press, 1988).

[29] 康有為，〈理學篇〉，《康子內外篇》，《康有為全集》，冊1，頁172。

[30] 康有為，〈理學篇〉，《康子內外篇》，《康有為全集》，冊1，頁172。

人與自然兩個觀念下，建構出一個具特殊性的中國，亦可以說是踏出中國近代民族主義的第一步。

二、建立以歷史通則為主的世界史

　　假若康有為之探索僅止於上述，則康有為可能成為中國近代第一個民族主義者，但康有為並不滿足於此，他要進一步探索各個民族文明歷史發展的通則，可以說要建構一部世界史，最後則超越民族的界限。其早期作品中的《康子內外篇》及《實理公法全書》可反映此探索過程。

　　《康子內外篇》是一本搖擺在民族與世界中的創作，裡面所追求的通則是散漫而不一致：在〈未濟篇〉，他試圖從傳統易理指出宇宙是一種循環法則的結果，所謂「治亂相乘，有無相生，理之常也」。原因是人性本身是矛盾，「人之願望無窮，則人之望治無已」，是以天下便在競爭與和平中不斷循環。[31]在〈愛惡篇〉中，則由人之原始欲望出發，認為「凡為人者必相近也，不稱善惡」，因為若由愛惡出發，「非惟人心有之，雖禽獸之心亦有焉」，甚至「草木亦有愛惡」，[32]其結論便是萬物齊一，與〈未濟篇〉看法頗為不同。在〈濕熱篇〉中，則由陰陽五行觀點出發，認為「天地之理，陰陽而已，陽無〔為〕濕熱，陰為乾冷」，陰陽籍濕熱轉化為天地以至萬物，「人得濕熱之氣，上養其腦，下養其心。濕則仁愛出，熱則智勇出」，然濕熱亦可生惡，貪佞、柔懦、狠戾、多欲等亦為濕熱所生。[33]康有為

---

[31]　康有為，〈未濟篇〉，《康子內外篇》，《康有為全集》，冊1，頁170。

[32]　康有為，〈愛惡篇〉，《康子內外篇》，《康有為全集》，冊1，頁175-176。

[33]　康有為，〈濕熱篇〉，《康子內外篇》，《康有為全集》，冊1，頁183。

各種不同的論述,反映出對其對宇宙過去及未來的發展仍未能有一完整看法。

　　與《康子內外篇》明顯相對則是《實利公法全書》,康有為在該書中清楚提出一個施之於全地球人類的法則。據康有為遺稿所顯示,《實利公法全書》只是他的《萬身公法書籍》叢書其中一部,其他還有《公法會通》、《禍福實理全書》、《地球正史》、《地球學案》四種書目,但都只有題解。推估康有為仍未寫成任何文字,亦可以反映出他之歷史法則構思仍在思考中。據其題解所言,《實利公法全書》是為全地球所有人刻劃出各種人類行為之普遍法則,內分十二門,包括君臣、父子等人倫規範,「學者但能解此書一過,則其知識所及,較之古聖已過之遠甚」,可成「聖人之身」[34];《公法會通》,則是指出在各國不同的環境中,推動萬身公法的方式;《禍福實理全書》則是列舉禍福例案,以勸人為善;《地球正史》則是一本地球通史;《地球學案》則為地球上學人之學傳。因此整套叢書反映出康有為對宇宙法則的看法。

　　根據《實理公法全書》,康有為所說之普遍法則分為三個層次,分別為實理、公法及比例之法。所謂實理是指經科學証明之定律,例如人類身體構成之要因便是由實理所規定,對康有為而言是無法改變。其次是公法,其中又分為幾何公理及人立之法兩種。所謂幾何公理其實是指西方之自然法,「但由於幾何公理所立之法甚少,不足於用,此所以不能無人立之法」。[35]故康有為視「人人有自主之權」為幾何公理,故人人平等是不可變易之真理,但若實際上要界定平等,則不能不用人立之

---

[34]　康有為,《實理公法全書》,《康有為全集》,冊 1,頁 272。
[35]　康有為,《實理公法全書》,《康有為全集》,冊 1,頁 278。

法以補充。所謂比例之法，是指社會上實際使用之規則，康有為主張應以實理及公法一一衡量之，作為去取之道。《實理公法全書》可以說是一個空想性之宇宙公法，其對象是以人為主，故曰萬身公法，以與萬國公法區別。其基礎則以西方之自然科學為出發點，但並未說明自然科學與人事之關係是如何產生，更沒有指向一個最後的終極目標，因此是一個十分簡陋之系統，也許是康有為未能完成整套叢書之原因。

　　雖然如此，康有為力求一個普世性歷史法則的用意則是無可否認。康有為之世界觀究竟是源出何處？概而言之，其來源有來自於西方，亦有來自於中國。

　　來自西方是自然進步觀念。在上述康有為早期四種著作中，康有為的思想都散佈西方的進步觀。正如上面在《民功篇》中提及，康有為便列出三個階段的演變，不單如此，康有為更具體認識到地球整個自然演化過程：「地之始凝也，外質為石，石質生水，濕氣相蒸而苔生焉。〔蕩〕生百草，百草生百木，百木生百蟲，百蟲生百獸」。[36]康有為之西學來源目前尚不明確，但當其在一八七九年以後數年「大攻西學書」時，《談天》（1874）、《地學淺釋》（1873）、《電學》（1879）及《化學鑑原續編》（1875）等自然科學書籍已相繼由江南製造局譯出，成為康有為西方科學知識之重要來源。[37]康有為對科學知識雖頗為粗略，但基本上掌握到歐洲十九世紀中葉有關進步觀念兩個要素，即直線進步及實証。所謂直線進步指後者勝前者，非復中國之傳統循環觀念；而實証則不單是指科學上之實驗方法，而是指認識論上人之認知必須通過驗証及累積方法，才能達到

---

[36] 康有為，《民功篇》，《康有為全集》，冊 1，頁 13。
[37] 熊月之，《西學東漸與晚清社會》，（上海人民出版社，1994），頁 503-511。

不斷進步境界。因此康有為在論及萬物進化時,他認為人能夠
成為萬物之靈,原因是「其生也必遲」,[38]這完全是一種後來
居上之論點。其編訂《實理公法全書》,亦採用一種實証態度,
強調「實理明則公法定」,故「理涉渺茫,無從實測者更不錄」。
[39]公法內容亦應隨時變動,故康有為主張《萬身公法全書》成
書後,每五年必增修一次,「經後人層次增修,則前人之所編
輯者,直至一字無存,亦無不可」。[40]

　　來自中國傳統有道及學兩個觀念。中國之傳統思想是天人
合一之一元宇宙觀,而天在實際世界的呈現為道,它統攝著宇
宙萬物。若行之於人間,每個人之樣相性情雖有差別,道仍能
提供一個和諧而合同的基礎。中國這種傳統天下觀,卻與當時
西方所強調之多元世界有很大差異,亦成為中西文化無法協同
的一個地方。最具代表性是清末著名知識份子王韜與西方友人
之辯論,其友人認為各國俱「五方之人,言語不通,嗜欲不同,
而能合而一之歟?」但王韜之答覆則十分傳統,「天下之道,
一而已矣,夫豈有二哉!道者,人人所以立命,人外無道,道
外無人」。[41]

　　康有為受中國傳統影響,其追求一個混一合同的世界是理
所當然的事。不過要注意的是康有為並未遵從宋明理對道之解
釋,他另外提出一個人道概念,以取代天道。康有為提出人道,
主要是批評宋明理學,他認為「古之敷教在寬,自宋儒後,敷
教在嚴。至於後世,稍自好者,目以道學,為人詬病」,其結

38　康有為,《民功篇》,《康有為全集》,冊 1,頁 13。
39　康有為,《實理公法全書》,《康有為全集》,冊 1,頁 276。
40　康有為,《整齊地球書籍目錄公論》,《康有為全集》,冊 1,頁 305。
41　參見本書第二章〈儒家思想與清末對外關係:王韜與日本〉,頁 21。

果是「為學者，必當一蹴而為聖人然後可，於是人皆憚其難也，相與遁於教外，樂縱其身，而操攻人之柄，教乃大壞」。[42]由於宋儒提倡天道，不近人情，故康有為反對壓抑人類欲望，主張「人道求美，所謂治者極矣」，即統治者應設計各種文化活動，以適當發展人之欲望，「後儒黜歌舞之淫，而絕聲樂之事，矯奢靡之習，而以敝車羸馬為賢，此不明人道之所以然也」。[43]若道被世俗化，成為人間各種禮樂制度，人類會失去其理想標準，則進步之動力應源於何處？康有為提出學作為補救方法。

康有為認為「學」與「道」是兩個相反相成的概念，所謂「道要于可行，學出于不能，道之于學，相反而相成也」。「道要于可行」，就是如上文所言，道是實踐規範，必須是人能力所能達到為主。至於學，是指「窮物理之所以然」，但宇宙表象卻非如此整齊，有「內外有定而無定」，如儒家與佛教；有「義理有定而無定」，如中國與西方。如此人應何去何從？康有為提出的答案是「行其有定，觀其無定，通之而已」。即以現今社會之一切制度為憑籍，再以學「上下百年，鑒古觀後，窮天地造化之故」。「觀其變之動，知後之必有驗也；求其理之原，知勢之必有至也」。[44]換言之，康有為是希望在空間上以所處之的中國社會為立足點，在時間上以現在作為參考架構，通過上下古今無限變化的探索，以求取到一個歷史法則。

---

[42] 康有為，《民功篇》，《康有為全集》，冊1，頁1-2。
[43] 康有為，《民功篇》，《康有為全集》，冊1，頁57。
[44] 康有為，〈理學篇〉，《康子內外篇》，《康有為全集》，冊1，頁172。

四、結論

康有為之思想是龐雜的，他對「道」的世俗化看法，對「學」的重視，其實仍是沿襲清代思想主流，反對宋儒空談心性及過分抽象的治學方式。[45]但康有為並非毫無個人看法，其堅定不移的方向就是要尋求一個世界共同之道，然而他了解到當前問題，是傳統恆常不變之道難再存在，他未有如王韜等之抱殘守闕，仍以「人外無道，道外無人」堅守傳統思想。面對一個多元及變化無限的宇宙，康有為從西方及當時中國思想中建立一個歷史法則。但康有為之歷史法則是粗略的，缺失甚多，促使康有以後不得不轉向公羊學。

首先他的歷史進化是一個開放式，缺乏一個終極目標之理想。但當時康有為最在意是把此歷史法則用在中國之改革上，他之尊奉孔子不單止是利用其在傳統思想的權威地位以達成改革目的，更重要是他把公羊所擬定之制度作為一個歷史前進的理想。理想對康有為是重要的，它是動員改革的中樞。康有為在《康子內外篇》開宗明義便提出「天下移人最巨者何哉？莫大于言議覺議矣」，所謂言議覺議，其實是一理想，或可說是意識形態。其威力可見於「父子之親，天性也，而佛氏能奪之而立師徒；身命之私，至切也，而聖人能奪之而徇君父」。[46]

其次，他的歷史法則亦缺乏一個敘事系統，從時間及空間涵蓋整個多元的世界，特別是消解中國與世界間的矛盾。因為若以直線之進化視中國，則中國不但是異於西方，而且更是大幅度落後，中國之落後是否命定，永無趕上之機會？若用多元

---

[45] 有關清代思想，可參考 Kai-wing Chow, *The Rise of Confucian Ritualism in Late Imperial China* (Stanford University Press, 1994),Chapter 6.

[46] 康有為，〈闔闢篇〉，《康子內外篇》，《康有為全集》，冊 1，頁 165。

演進的模式解決中國與西方之差異，或甚至世界各個文明間的差異，則無法建立一個共通之歷史法則。康有為必須尋找一個具包容性的敘事系統，可以說明各國間的差異。在一八九零年代，公羊學之三世說似對康有為是一個相當合適的選擇。

第三，他的歷史法則未有解決主體與通則間的矛盾。康有為對主體在歷史之作用是有一定認識，故他強調學，認為人類依賴學是可以突破現在，了解自然；他亦強調意識形態作用，認為可以改變整個人的價值觀。但當個人主體與公法有所抵觸時，康有為並未進一步探討處理方式。例如康有為強調人人有自主之權，故言「人類平等是幾何公理」，但當真的要實行時，康有為則認為「人立之法，萬不能用，惟以平等之意，用之可矣」。[47]康有為之有意不處理個人主體性問題，表示他仍以一個共同世界作為優先考慮點，成為他日後思想發展之主軸，亦導至他忽略民族主義，與革命派分道揚鑣。

---

[47] 康有為，《實理公法全書》，《康有為全集》，冊1，頁279。

第四章　從群體到民族：
梁啟超民族主義的形成

　　梁啟超是一個民族主義者，他一生所努力的是要建設一個現代民族國家的中國，這點是無庸置疑的。但民族國家亦是革命派所追求的革命目的之一，究竟梁啟超民族主義的內容是甚麼？它與革命派的看法有何不同？過往討論梁啟超的民族思想，多側重在梁氏是否真正的民族主義者，較少涉及其民族思想的內容。推崇者以梁啟超首以群體觀念引進中國之國家思想，成為現代民族國家的開創者，而其所提倡的大民族主義，亦與日後之五族共和不謀而合。[1]若是，則革命派之排滿是反見狹隘，只是糾纏在種族問題，適足以做成現代民族國家統合的困難。為解釋革命派所以堅持反滿民族主義的緣故，有學者認為反滿只是一個口號而已，革命派真正的目的是藉此推翻清廷

---

[1]　楊肅獻，〈梁啟超與中國近代民族主義〉，收入周陽山及楊肅獻編，《近代中國思想人物論：民族主義》，（台北：時報文化出版事業有限公司，1980）。

，實行民主制度。[2]但反滿若只是口號，很難說明清末革命志士的前扑後繼精神。故反滿必有其與梁氏五族共和相異地方，本文是比較梁啓超民族思想與革命派反滿思想之間差異，作為中國近代民族主義起源探討的一部份。[3]

對梁啓超的民族思想的發展，本文是要提出兩點問題以供研究梁啓超的人參考。首先梁啓超的民族思想與嚴復關係。一般的看法是梁氏的民族思想是源於嚴復的「群體」概念。嚴復是在一八九五年提出其「群學」，而梁氏亦在此時開始討論群體一概念，兩者間的關係相當明顯。但梁啓超一直受康有為變法思想影響，在時間上似乎不可能馬上揚棄康學，馬上接受嚴復的群學。本文是要探討梁啓超接受群體觀念的過程及其嚴復相異地方。其次，梁啓超在一九零三年突然改變其立場，由同情革命轉而反對革命。梁氏的突變一直是學術界爭論點。本文是希望由思想史的角度指出梁氏的改變因素，與他的建構民族一概念是有直接關係，從而比較他與革命派不同的地方。

本文所討論的範圍是由甲午戰爭至一九零一年止，主要以當時梁啓超在《時務報》與《清議報》的言論作根據。方法上則是把梁啓超的民族主義放進當時西方的思想背景，籍探討當時一些主要概念如社會達爾文主義、自由及進步等，以說明對梁啓超民族思想的內容。

---

[2]　朱浤源，《同盟會的革命理論》，（台北：中央研究院近代史研究所，1985）。

[3]　有關革命派之民族思想，可參考本書第五章〈歷史文化的追尋:章太炎民族主義的形成〉。

一、維新變法與群體觀念的導入

　　近代中國民族主義的起源，目前一般的看法是以甲午戰爭
作為起點。甲午戰爭失敗為中國知識分子帶來空前的危機意識
，馬關條約以後的四、五年間，不但維新運動風起雲湧，而且
亦出現中國近代第一波的西化運動。在向外國學習的熱潮下，
嚴復介紹了社會達文主義及群的觀念，把民族主義帶進中國。
在群體這個新概念的刺激下，清末智識分子開始對傳統的國家
思想及文化重新檢討，為以後的改革開拓新的方向，超越了自
強運動的範疇。以上的看法是本節要探討的範圍，並以此討論
群體這概念在歷史所產生的作用。

　　首先應指出是維新與自強的關係並非是沒有繼承性。雖然
甲午戰後維新派人士大聲疾呼要克服自強運動的缺點。梁啟超
在〈變法通議〉中首先指出自強運動所行各項政策：「今之變
法者，其犖犖大端，必曰練兵也，開礦也，通商也，斯固然矣」。
雖然這些政策都是當時中國需要，梁氏認為都因為在不良制度
下遭受扼殺。所謂練兵，「將帥不由學校，能知兵乎；選兵不
用醫生，任意招募，半屬流氓」；所謂開礦，則「礦務學堂不
興，礦師絕乏……機械不備，化分不精……道路不通，從礦地
運至海口，其運費視原價或至數倍」。因此梁啟超認為改革必
由根本做起：「變法之本在育人才，人才之興在開學校，學校
之立在變科舉，而一切要其大成在變官制」。[4]不過所謂育人才，
開學校，廢科舉，變官制等政策，並非是甲午以後才提出，由
同治初年以至甲午戰爭前夕，它們一直是自強運動者之目標。

---

[4]　　梁啟超，〈論變法不知本原之害〉，《飲冰室文集》，(台北：中華書局，1983)，
　　卷1，頁9-10。

[5]康梁之呼籲所以受矚目，只不過是因為在甲午戰後這個危機時刻提出，而其敢言又成為當時知識分子之先導。[6]

　　不僅在制度上維新者未能突破自強運動的典範，在思想上，梁啟超仍受自強運動典範的影響。維新運動的基礎是康有為的三世大同觀，三世說事實上是進步觀念下的產物。汪榮祖指出同治以還，進步觀念已廣泛被當時知識分子接受，雖然進步一詞不一定存在，但它是採用厚今薄古，經世致用，歷史等形式出現，康有為的三世說無疑只是當時進步史觀的一部份。[7]其次，康有為的大同世界看法無疑亦承接自強運動中之西學源出中國說。小野川秀美指出在中法戰爭以後，自強者為了說服保守派向西方學習，便以西學源於中國作為理由，作為西化根據。小野進一步指出西學源於中國說在自強運動前期已出現過，但重點多在強調機器物質層次。在中法戰役以後，西學已不單是指器物，湯震等進一步認為西學亦是道本體的一部份。這種器道合一說，事實上是為了引進西方政治及社會制度作說詞。這種企圖以一個一統的道體來解決中西差異的思考方式卻為康有為所引用。蕭公權指出康有為的《大同書》雖成書在一八九八年以後，而其大同思想至遲在一八八七年已形成，[8]因此康

5　對自強運動與維新運動關係，本文主要參考汪榮祖及小野川秀美之研究。見汪榮祖，《晚清變法思想論叢》（台北：聯經，1983）；小野川秀美，《晚清政治思想研究》，林明德及黃福慶譯（台北：時報文化出版公司，1982）。

6　孫詒讓在其致汪康年書曾言：「康氏學術之謬，數年前弟即深斥之……然其七八上書，則深欽佩其洞中土之癥結。於卓如則甚佩服其變法通議之剴切詳明，不敢以其主張康學之執拗而薄之」。見《汪康年師友書札》（上海：古籍出版社，1986），冊2，頁1474。

7　汪榮祖，《晚清變法思想論叢》，頁12-20。

8　康有為曾自稱其《大同書》是成於一八八四年間，但據錢穆考證《大同書》成書不會早於一九零二年。見 Kung-chuan Hsiao, *A Modern China and a New*

有為之大同思想可以說是西學源於中國說之延伸。

西學源於中國說影響仍可見於維新時期的梁啟超。在〈古議院考〉中，梁啟超便以中國自古便有議院之制度，只是形式不同。他認為秦時之博士與公卿會議，漢時議員之制，均與今日西方議會相似。[9]其後嚴復曾來信指責，而梁氏亦承認「生平最惡人引中國古事以證西政……此實吾國虛憍之結習」。[10]但事實上梁啟超以西例援引入中學文字，在其維新時期之文章仍到處可見。[11]

不過維新運動並非完全是自強運動的延續，在思想史上，它是有其突破性發展，最重要的一點便是嚴復所帶來的群體觀念。[12]當討論到群體這概念時，一般認為是嚴復傳進社會達爾文主義而產生的結果，於是在物競天擇的過程下，群體成為現代民族思想的基礎。這看法是值得商榷的。社會達爾文主義是個相當複雜的概念，所帶來的觀念常遭受到誤解。以梁啟超為例，他在維新時期所談的群體概念，並沒有包含社會達爾文主義及民族兩個觀念。他的接受社會達爾文主義及民族兩個概念

   World: K'ang Yu-wei, Re-former and Utopian, 1858 - 1927 (Seattle and London: University of Washington Press, 1975)，pp. 49-56

[9] 梁啟超，〈古議院考〉，《飲冰室文集》，1，頁 95。

[10] 梁啟超，〈與嚴幼陵先生書〉，《飲冰室文集》，卷 1，頁 106。

[11] 梁啟超維新時期提倡學會，但他仍認為「學會起於西乎？曰：非也。中國二千年之成法」。見〈論學會〉，《飲冰室文集》，卷 1，頁 31。

[12] 最先提出群體概念的是西方學者 Benjamin Schwartz，見 Benjamin Schwartz, *In Seuch of Wealth and Power: Yen Fu and the West* (Cambridge: Harvard University Press, 1964)，其後討論得較深入是張灝，見 Hao Chang, *Liang Ch'i-ch'ao and Intellectual transition in China, 1890-1907* (Cambridge: Harvard Univenity Press, 1971)。對群一概念進一步引申，見王汎森，《章太炎的思想》（台北：時報文化出版企業有限公司，1992）。

是在出亡日本以後。

在戊戌變法前後，梁啟超及維新派對群學的熱衷，在當時是十分突出。[13]梁啟超亦曾自言要為群學寫一百二十章，以發揮康有為，譚嗣同及嚴復對群學的見解。[14]但對於群在進化過程旳演變，卻與嚴復大異其趣。嚴復對進化過程的看法是：

> 物類之繁，始于一本。其日紛日異，大抵牽天係地與凡所處事勢之殊，遂至闊絕相懸，幾於不可復一。此皆後天之事，因夫自然，而馴致若此者。[15]

換言之，嚴復之進化過程是一個異化過程，[16]在透過進化過程的各種因素後，世界會變得愈來愈質。同時由於競爭的緣故，這種異化過程會同時造成個體意識的出現。嚴復指出「民民物物，各爭有以自存。其始也種與種爭，及其成群成國，則群與群爭，國與國爭」。[17]由種以至群以至國，事實上是一個不同層次個體的意識而。己而嚴復其後在其〈原強修訂稿〉所指出的「身貴自由、國貴自主」的想法，與自由主義思想是一脈相通的。[18]

13　梁啟超與汪康年在一八九七年因報館事齟齬，張元濟便致信汪康年，以「兄與卓之日講群學」，應和衷共濟。見《汪康年師友信扎》，冊2，頁1703。

14　梁啟超，〈說群序〉，《飲冰室文集》，卷2，頁3。

15　嚴復，〈原強〉，《嚴復集》，冊1，頁5。

16　異化（alienation），意指分化。初見於黑格爾之「精神現象學」，然黑格爾所談之異化，主要是指個體意識的出現，故含有極濃的自由主義意味。見G.W.F.Hegel，Phenomenology of Spirit，trans. A.V.Miller (Oxford:Oxford University Press, 1977)，pp. 296-297.

17　嚴復，〈原強〉，《嚴復集》，冊1，頁5。

18　嚴復，〈原強修訂稿〉，《嚴復集》，冊1，頁17。嚴復曾修改〈原強〉一文，大幅增訂有關對民事看法，但並未發表。見同書頁5附註。

　　對梁啟超而言，進化過程卻是一個同化過程。梁啟超在其
〈說群〉一文中首先指出宇宙進化之基礎在群，但他的群卻與
嚴復的相反，是各種異質同化之過程，「群者，天下之公理也，
地與諸行星群，日與諸恆星，群相吸相攝，用不敵墜，使徒有
離心力則乾坤毀矣。」[19]因此，梁啟超認為不斷擴大其群是宇
宙間的定理。梁啟超承認隨著群的擴大，其成分愈來愈複雜。
但梁啟超並沒有強調群體中各個個體的差異性，只考慮各個個
體對整體所產生的作用：「人之一身，身司聽，目司視，口司
言……各儲其能，各效其力。身之群，也藉使諸體缺一，或各
不相應，其死亡可立而待也」[20]因此，從個體以至各級的群
都只是手段，其最後目的是一個宇宙的本體一大同世界。

> 道莫善於群，莫不善於獨……群故通，通故智，智故強。
> 星地相吸而成世界，質點相切而成形體。數人群而成家，
> 千百人而成族，億萬人而成國，兆京陔秭壤人群而成天
> 下。[21]

　　因此梁啟超在維新時期的群體觀仍從屬於傳統的儒家天
下一個人與天下是連成一體。他雖然接受嚴復的群體觀念，但
群體對梁氏只是一個通往天下的工具，他並沒有理解到群體與
群體之間是有差異性存在，更不理解群體是由個體意識的作用
而產生。梁氏固然是透過康有為的三世觀接受了進步思想，但
這進步觀仍在儒家的傳統中，與社會達爾文主義無關。

　　另一個容易導致誤會的觀念是梁啟超的群是一個原始的

---

[19]　梁啟超，〈說群一〉，《飲冰室文集》，卷2，頁5。

[20]　同上註。

[21]　梁啟超，〈論學會〉，《飲冰室文集》，卷1，頁31。

民族形態。張灝指出梁啟超的群具有現代民族主義一些特徵，包括整合性及參予性。[22]整合性及參予性是現代社會的特徵，但是否惟民族所獨有則待商榷。首先就整合性而書，它是指由進化競爭過程產生的有機體意識，張灝認為這種有機意識成為梁啟超的新的國家基礎，取代了傳統中國國家的道德秩序。有機體是一個意義不清晰的觀念。上文曾提及梁啟超用人體各部分之器官組成比喻群體，似乎已有有機體的觀念，但梁氏所強調只是各個器官所具有的功能，至於不同功能器官組合成的生物體是否便等同一個有機體，實在是疑問。

　　形成社會有機體的因素大致包括兩類：共識及血緣。共識是自覺成為一個特定團體的意識形態。直至維新時期，中國的知識分子並沒有這種共識的自覺。同治光緒期間，中國雖已了解到萬國並立的世界狀況，中國只是其中之一個國家。[23]但這只是政治上特定團體意識。在文化上，這種特定意識仍不存在。知識分子所追求是一個統一的宇宙。因此梁啟超認為雖然英美國家在內政上已達到民政階段，但由全世界的角度而言，各國「則仍為多君之世而已，各私其國，各私其種，各私其土，各私其物……耽耽相視，齗齗相鬬，龍蛇起陸，殺機方長」。[24]在這裡梁啟超所追求是一個統一性的大同世界，並非追求一個萬國並峙的世界。梁氏的大同世界亦妨礙有機體另一個形成因素——血緣。滿漢種族意識在維新時期已開始滋長，譚嗣同在湖南時務學堂時期便高談種族革命，梁啟超無疑一定會受到他

22　Hao Chang，pp. 96-111.

23　汪榮祖，《晚清變法思想論叢》，頁 26-31。

24　梁啟超，〈論君政民政相嬗之理〉，《飲冰室文集》，卷 2，頁 11。

的影響。[25]但梁啟超這時之種族思想仍在傳統的天下觀底下：

> 自大地初有生物以至於今日，凡數萬年，相爭相奪……
> 一言以蔽之曰，爭種族而已。始焉物與物爭，繼焉人與
> 物爭，終焉人與人爭……由是觀之，一世界之中，其種
> 族之差別愈多，文明之進越難。[26]

是以梁啟超認為種族界線之劃分，不但不能促使世界進步，反而會妨礙文明的發展。梁啟超認為未來的趨勢是在撕滅與合併的進化過程中，種族差別會日漸減少。這種看法與有機體意識是相違背的，同時亦如上文所說的有違以個體為主的社會達爾文進化過程。

其次，張灝認為梁啟超主張人民的參予權利，具有近代民族國家的特徵。有關梁啟超維新時期的民主思想來源，張灝雖然同意黃宗羲及孟子等傳統思想的影響，不過張灝認為最重要的衝擊仍是來是嚴復的群體觀念，為梁啟超的民族國家觀奠下基礎。[27]其理由是梁啟超所強調的人民參予權利，使以君主作為國家的傳統基礎轉移到人民手上，這種集體性參予，亦正是民族國家的前題。

灝之論述，的確指出群體在近代中國政治思想史所扮演之重要角色。雖然民主制度在同治及光緒初年便成為當時知識分子討論的議題。但所謂民主制度主要是指要議會制度。當時的知識分子認為議會是用作溝通上下之用，國體上仍以君主制度

---

[25] 張朋園，《梁啟超與清季革命》，（台北：中央研究院近代史研究所，1964），頁 75-76。

[26] 梁啟超，〈論變法必自平滿漢之界始〉，《飲冰室文集》，卷 1，頁 22。

[27] Hao Chang，pp.102-103.

為基礎，實行所謂君民共治。西方民主理論中以人民為主體的思想仍未出現。[28]梁啟超在維新初期亦承接這點看法。所謂「議院之立，其意何在？曰：君權與民權合，則情易通」。[29]「觀國之強弱，則於其通塞而已，血脈不通則病，學術不通則陋……惟國亦然，上下不通，故無宣德達情之效」。[30]

但當梁啟超接受嚴復的群學後，他馬上轉而懷疑昔日的君民共治理念，對君主制度提出嚴厲質問：

> 記曰：「能群焉謂之君。」乃古之君民者，其自號於眾也，曰孤、曰寡人、曰予一人。蒙竊惑焉。孤與寡，世所稱為無告也，而獨以為南面之名則樂之。經傳之論汙君也，謂之獨夫，謂之一夫。聞之者莫不知為惡名也，吾不解予一人之訓詁與獨夫有何異。[31]

梁啟超認為中國之所以積弱，是因為君主以國為私，不講群術。中國要改革，必要君主「知君之與民，同為一群之中之一人，因以知夫一群中所以然之理，所常行之事，使其群合而不離」。[32]換言之，君主無異其他人民，只不過是群體中之一員而已。要中國大治，君主必須化私為公，與民分享權力。「先王之為天下也公，故務治事。後世之為天下也私，故務防弊……防弊之心烏乎起？曰：起於自私。請言公私之義。西方之言曰：人人有自主之權。何謂自主之權。各盡其所當為之事，各得其

---

[28]　王爾敏，《中國近代思想史論》，（台北：華世出版社，1977），頁34-35。

[29]　梁啟超，〈古議院考〉，《飲冰室文集》，卷1，頁94。

[30]　梁啟超，〈論報館有益於國事〉，《飲冰室文集》，卷1，頁100。

[31]　梁啟超，〈說群序〉，《飲冰室文集》，卷2，頁3-4。

[32]　同上註，卷2，頁4。

所應有之利。公莫大焉。如此則天下平矣。」梁啟超在這裡首次突破所謂君民共治理念，認為在一群中每個人的都有自主之權，他認為中國的問題是大家不知道自己擁有權力，並把權力都交給君主一人，改革方式是重行訂定法則以界定一個「公」的群體。所謂「君子有絜矩之道，言公之為美也」。[33]

假如群體觀念給予梁啟超一個新的國家概念，另一個接著來的問題則這概念是否屬於民族主義的範疇？在這裡提出兩點作為討論民族國家的參考。首先是權這一個概念。梁啟超所談的權應該是指權力（power），並非是權利（right）。「權也者，兼事與利言之也。使一人能任天下之人所當為之事，則以一人獨享天下人所當得之利，君子不以為泰也」。[34]換言之，權力是責任與利益的結果，是人與人互動下的關係，故若君主能任天下之事，他是可以儘有天下之權力，不過在梁啟超看來，個人的能力有限，以一人取代天下是絕對沒有可能的。這是必須人民參予的原因。梁氏這種看法是利益分配的功能問題，並沒有接觸到群體參予的個體權利意識問題，與西方啟蒙時代以個人自然權利為基礎的民族思想有別。[35]其次便是有關「公」這

---

[33]　梁啟超，〈論中國積弱由於防弊〉，《飲冰室文集》，卷1，頁99。

[34]　梁啟超，〈論中國積弱由於防弊〉，《飲冰室文集》，卷1，頁99。

[35]　民族與個體雖然是最近學術界的熱門題目，但大多數的論述只間接涉及民族與個體自覺以至個人權利的關係，很少把兩者直接連繫討論。這裡所謂個人自然權利是指個人權利是自然產生，無法侵奪。這種權利意識是基於自我意識覺醒的結果。透過對民族認同、以至進一要求參予的過程，使群體內的個體能獲得應有的權利。有關這方面的論述，可參考 Benedict Anderson, *Imagined Communities: Reflections on the Origins and Spread of Nationalism* (London: Verso,1983); Ernest Gellner, *Nations and Nationalism* (Ithaca & London: Cornell University Press,1983); Anthony Giddens, *Modernity and Self-Identity* (Stanford, Calif.:Stanford University Press, 1991).

個概念，梁啟超要求君主化私為「公」，是否表示他已經有民族國家的權念？張灝及一些學者是主張「公」的出現是代表民族意識的抬頭。[36]但「公」一詞在一八八零年代已經出現，遠早於群體一詞的導入。康有為在一八八四至八八年間寫成「實利公法」一書。康有為所指的「公」並非是國家，而是一大同世界，超越政治及種族界線。[37]因此，梁啟超所說的「公」是直接承接自康有為。無怪梁氏認為大同世界是儒家真義所在，而只有孟子才能繼承真正儒家道統，他所欽羨的國家制度並非是當時歐洲的民族國家制度，而是北美的聯邦制度。[38]

論由「權」或「公」的概念來看，梁啟超無疑是強調人民參予國家之重要性，不過梁氏所指的國家並非是民族國家。民族國家是以明確身份（identity）作為基礎，而梁啟超對個體的自我意識以至政治意識均未了然。在自我意識上，他不了解個人權利概念是建立自我觀念的第一步；在政治意識上，他亦未能了解追求一個政治歸屬的必要性。因此，在維新時期實未能說梁氏已接受當時之民族思想。

總括來說，群體觀念是嚴復在甲午戰爭後帶進中國來的。它對中國近代史最大的衝擊是君主制度。在中國的政治傳統中

---

[36]　Hao Chang, 104; I-fen Cheng,"Kung as an Ethos in Late Nineteenth Century China: the Case of Wang Hsien-ch'ien,"in Paul A.Cohen and John E.Schrecker ed., *Reform in Nineteenth-Century China* (Cambridge: Harvard University Press, 1976).

[37]　錢穆認為康有為自言長興講學時便己著有《大同書》是誇大。蕭公權同意錢穆說法，但認為《大同書》雖成書較晚，但康氏之大同思想則確在長興里時期便成形。其所著《實利公法》一書，己刻劃出一個大同世界，並以這個大同世界觀念繞過個體與群體之兩難問題。見 Kung-Chuan Hsiao, pp. 47-54,p. 419。

[38]　梁啟超，〈讀孟子界說〉，《飲冰室文集》，卷 3，頁 17。

，君主是天生聖人，最高權力者，其地位是無可動搖。然而隨
著群體觀念的導入，君主的統治合法地位受到挑戰，國家思想
漸轉變以人民為主體，為日後的民主革命奠下基礎。然除政治
權力意識外，梁啟超對個體在群體能起的作用仍未了解，事實
上由於傳統世界觀的影響仍在，維新派對代表個體意識的民族
概念是要員正接觸到社會達爾文主義後才能出現。

二、社會達爾文主義與民族觀念的形成

　　梁啟超之民族主思想應該是戊戌政變後避難日本之時才
開始。[39]正如上節所述，民族主義是以個體的自我覺醒為開始，
但梁啟超在維新運時期，其思想仍在傳統中國的儒家世界觀的
架構下，要認識個體意識的存在並不容易，因此梁啟超很輕易
忽略當時西方思潮主流的民族主義。但在日本，明治國家卻給
予梁啟超一個活生生的民族國家例子：

> 吾嘗遊海外，海外之國，其民自束髮入校，則誦愛國之
> 詩歌，相語以愛國之故事。及稍長，則講愛國之真理，
> 父詔其予，兄勉其弟……日本孩童，不受俄客之贈果，
> 以其將為國之患也……吾少而遊居鄉里，長而游京
> 師……頗盡識朝野之人物，問其子弟，有知國家為何物
> 者乎？無有也……問其商民，知有國家之危者乎？無有

---

[39] 張灝認為梁啟超的思想在前赴日本前已大致定形，其留日經驗的影響只限於
實際事務。Hao Chang, p. 143; 但黃崇智認為梁啟超是在日本接受社會達爾文
主義，並由此轉向民族主義。Philip C. Huang, *Liang Ch'i-ch'ao and Modern
Chinese Liberalism* (Settle and London: University of Washington Press, 1972),
p. 45, 本文接受黃崇智的解釋。

也。[40]

　　日本不但實際上給予梁啟超民族主義的影響，而且在思想上對梁啟超的衝擊更大。其中最重要則是加藤弘之的社會達爾文主義。黃崇智認為加藤弘之對梁啟超特別有吸引力的地方是加藤與斯賓賽爾的差別。斯賓塞爾的進化是強調一個和平的工業社會是進化的最後目標，愛國主義只是一個過渡時期；則而加藤則強調進化過程的競爭性，而國家則是最有效保護人群在這過程中生存的武器。加藤對國家的強調是梁啟超轉向民族主義的一個重要因素。[41]

　　加藤的社會達爾文主義對梁啟超的影響是無庸置疑。不過本節是想進一步探討群體觀念在社會達爾文主義影響下，是如何轉向民族。要觀察梁啟超對社會達爾文主義與民族主義關係的看法，最好一篇文輯「論近世國民競爭之大勢及中國前途」。在文中，梁啟超分析國家與國民的差別。「國家者，以國為一家之私產之稱也……國民者，以國為人民公產之稱也」。梁氏在這裡以國民一詞代表國群，而以國家作為君主專制政體，他雖然用了新名詞，但內容與其在政變前是承接的，並無新意。不過，他對競爭卻有不同的看法。梁氏指出有兩種不同的競爭：

> 有國家之競爭，有國民之競爭。國家競爭者，國君靡爛其民以與他國者也。國民競爭者，一國之人各自為其性命財產之關係而與他國爭者也。孔子之無義戰也，墨子之非攻也……皆為國家競爭者言之也。近世歐洲大家之

40　梁啟超，〈愛國論〉，《飲冰室文集》，卷 1，頁 72。
41　Philip C. Huang, pp.56-59.

論曰：競爭者，進化之母也，戰事者，文明之媒也，為國民競爭言之也。[42]

當談到國民競爭時，梁啟超指出他以前從未提過的三點，代表著梁啟超開始接受社會達爾文主義。首先，梁啟超認為群體競爭的目的，是以保存個人性命財產作為出發點。這種以個人利益為前題的提法是梁啟超以前從未有提及，這象徵梁啟超開始理解個體在進化中所扮演之角色。事實上在這段時間內，梁啟超發表的文章很多時討論人的獨立問題，在「獨立論」中他解釋何謂獨立：「不藉他力之扶助，而屹然自立於世界者也。人而不能獨立時曰奴隸，於民法上不認為公民；國而不能獨立時曰附庸」。[43]這種強調個體的獨立自由，與國家的自由是息息相關的。

梁啟超對個人利益在歷史上積極作用的新觀點，亦可以由他對明治維新的新評價看出。在避難日本以前，梁啟超固然推崇幕末志士的貢獻，不過他以為這些志士之能殺身成仁，主要是由於對公的熱意。「日本自劫盟事起，一二俠者，激於國恥，倡大義以號召天下，機捩一動，萬弩齊鳴，轉圜之間，遂有今日」。[44]但到日本後，梁對日本之愛國有更進一步之認識，即日本志士之成功，並非單是日本歷史上武士道之愛國心所致，而是為保護自身的利益的自覺所促成。「尚武之風，由激厲而成也，朝廷以此為榮途，民間以此為習慣，於是武士道出焉……自由主人曰：此固一義也，然猶有未盡者。尚武之風，由人民

---

[42] 梁啟超，〈論近世國民競爭之大勢及中國前途〉，《飲冰室文集》，卷4，頁57。

[43] 梁啟超，〈獨立論〉，《飲冰室文集》，卷3，頁62。

[44] 梁啟超，〈記東俠〉，《飲冰室文集》，卷2，頁31。

愛國心與自愛心，兩者和合而成也。人人皆有陸命財產，國家之設兵以保人人之性命財產，故民為之兵者，不啻各自為其性命財產而戰也」。[45]很明顯，梁啟超已認識到，物競天擇之進化過程的出現，是源於萬物為自保其本身利益的心理，並非是康有為的理想世界中的由野蠻到文明的一個統一過程。這種以個人私利作前題的覺醒為梁啟超帶來了個體意識，這個個體意識又成為他走向自由主義的第一步。

　　梁啟超在「論近世國民競爭之大勢及中國前途」一文中值得注意的第二點是他對帝國主義及競爭所持的積極態度。梁啟超之所以成為民族主義者，很多學者是歸因於帝國主義侵略中國。但梁啟超在文章並未流露反帝色彩。相反，他認為帝國主義的出現是一個自然的事，是競爭下的必然產物。所謂「民族帝國主義者何，其國民之實力，充於內而不得不溢於外，於是汲汲焉求擴張權力於他地，以為我尾閭」。[46]因此梁啟超並不認為民族國家的競爭是不義之戰，相反，競爭與戰爭才是進化及文明的催生者。梁啟超接受了加藤弘之的看法，在「論強權」一文中，認為這是一個「強者之權利」的世界，「天下無所謂權利，只有權力而已」。雖然他為了減輕這種物競天擇的殘忍性，認為在進化到文明階段後，弱者與強者的差別已縮小，強權的壓力應該是所謂「溫而良」，非「大而猛」。不過他指出所謂自由平等，已「非如理想家所謂天生人而人人畀以自由平等之權利云也」。[47]換言之，傳統思想中的一個統一及和諧世界，在社會達爾文主義的衝擊下，已完全崩潰。

---

[45]　梁啟超，〈中國魂安在乎〉，《自由書》，《飲冰室專集》，頁 38。

[46]　梁啟廷，〈新民說〉，《飲冰室專集》，頁 4。

[47]　梁啟超，〈論強權〉，《自由書》，《飲冰室專集》，頁 30-31。

　　第三點值得注意的地方是梁啟超開始使用國民一詞以取
代群。國民一詞在日本明治時期是與民族同義，這表示梁啟超
已注意到民族的概念。更重要的是，梁啟超在文章所談的民族
並非是由政治層次出發，而是由社會層次出發。此象徵梁啟超
開始識別政治與社會的差異。所謂社會，梁啟超會引用頡德
（Benjamin Kidd）的話為其下一定義：「社會為個人之集合體，
故不可不以個人利益為目的。社會之義務即為現時組織社會之
人汲汲盡瘁是也[48]」。這種以個人利益集合而成的社會群體，
與梁啟超原來在維新時期之政治群體是有不同的。根據上文分
析，梁氏在維新時期認為政治群體只是權力與義務的關係，並
非反映個人利益。而現在梁氏之所謂社會群體則為個人利益的
集合，與政治群體相比社會的結合是更緊密、更為有機性。對
梁啟超而言，在一個弱肉強食的世界中，個人利益是必須有一
個緊密之社會作保護，方能生存，方能發展。

> 由此觀之，今日歐美國家之競爭……其原動力乃起於國
> 民之爭自存，以天演家物競天擇，優勝劣敗之公例推之，
> 蓋有欲已而不能已者焉。故其爭也，非屬於國家之事，
> 而屬於人群之事，非屬於君相之事，而屬於民間之事，
> 非屬於政治之事，乃屬於經濟之事。[49]

　　是以在進化的過程中，國家、君相以至政治，均非是重心。
在梁啟超的眼中，競爭的重心是在社會群體。梁氏所指之人群、
民間以至經濟之事均屬於社會範疇，均是個人利益之所在。不
過社會既然是以個人為主，則應取何種原則作為集合眾人之理

---

[48]　梁啟超，〈進化論革命者頡德之學說〉，《飲冰室文集》，卷 12，頁 84。
[49]　梁啟超，〈論近世國民競爭之大勢及中國前途〉，《飲冰室文集》，卷 4，頁 59。

？梁啟超主張訴之於國民之民族。梁氏其後進一步解釋民族主義時，便認為：

> 凡一國之能立於世界，必有其國民獨具之特質，上自道德法律，下至風俗習慣文學美術，皆有一種獨立之精神，祖父傳之，子孫繼之，然後群乃結，國乃成，斯實民族主義之根柢源泉也。[50]

是則梁氏以一個同質性的民族為社會的自然基礎。而民族社會是超越政治架構，給予個體在物天擇的進化過程中一個安身立命之所。總括而言，在社會達爾文主義的衝擊下，梁啟超認識到個體在歷史中的作用，但在這個物競天擇的世界中，個體要生存，要創造，則必需放棄以私為基礎的國家，轉向民族社會作為其倚靠。這是梁啟超主張「民族群體」出現的論據。

由群體轉向民族以後，梁啟超在思想上及實際活動上均有新轉變。最明顯是他揚棄了傳統天下觀，以民族取代之。傳統天下觀是一個和諧而一統的世界，個體與宇宙本體間並未有阻隔，傳統裡由心性、個人、家庭、國家以至天下均是貫通，甚至維新時期雖出現群體概念，它亦只是到天下的一個工具而已。但民族社會出現後，它取代了天下成為個體的終極目標。[51]因為在一個社會達爾文主義的世界中，其進化規則是弱肉強食，沒有一個最後的理想世界。民族不得不成為個體最後的歸宿。是以在這個傳統世界破滅後，梁啟超開始擺脫康有為之維新思考方式，開始高談民族主義，並有意與革命派合作。

---

[50] 梁啟超，〈釋新民之義〉，《新民說》，《飲冰室專集》，頁6。
[51] 梁啟超以民族作終極目標，見黃進興，〈梁啟超的終極關懷〉，《史學評論》，第2期（1980年7月）。

　　不過，梁啟超仍有未能解決的問題。社會達爾文主義是一個宇宙過程，在物競天擇的環境下，民族固然是個體一個最好的安身之所。但社會達爾文主義既適用於民族之間，也應該適用於民族之內。若民族內亦實行社會達爾文主義，以競爭為原則，則民族是不容易保持其同質及有機性。如何解決在進化過程中，民族內各個個體所產生的衝突是令梁氏困惑的一個問題。因此在一八九九年後，梁氏在社會達文主義外，同時又轉向盧騷等天賦人權學派，尋求其民族理論的依據。

　　在梁啟超談社會達爾文主義的同時，他又接受歐洲啟蒙時期天賦人權的理想世界。梁啟超認為：「民權自由者，天下之公理也，世界自然之進步」。[52]在「放棄自由之罪」一文中，梁氏認為自由為人天賦：西儒之言曰：天下第一大罪惡，莫甚於侵人自由，而放棄己之自由者，罪亦如之。余謂兩者比較，則放棄其自由者為罪首。既言放棄自由是本身責任，則自由自然是天所賦予。假如自由是天賦，則兩個個體自由發生衝突時，應如何解決？是否依社會達爾文主義之公理，強者主宰一切。梁啟超似乎認為自由之極致是不會發生衝突。

> 言自由者必曰：人人自由而以他人之自由為界。夫自由何以有界，譬之有兩人於此，各務求勝，各務為優，各擴充己之自由權而不知厭足，其力線各向外而伸張，伸張不已，而兩線相遇，而兩力各不相下，於是界出焉。[53]

　　對社會達爾文主義競爭下之世界，梁啟超似乎甚為樂觀。

---

[52]　梁啟超，〈地球第一守舊黨〉，《自由書》，《飲冰室專集》，頁 7。

[53]　梁啟超，〈放棄自由之罪〉，《自由書》，《飲冰室專集》，頁 23。

認為只要各個體能各自發揮由自由權利，則世界上之各物界線自然可以劃出。當然自然之界線只是一種樂觀的理想。究竟如何能夠訂立一個人人樂意遵守的界限卻是一個大問題，因此梁氏不得不訴之於歐洲啟蒙時代以來的契約理論。梁啟超對契約論的探索，可見之於他的「霍布士學案」及「盧騷學案」。

在討論霍布士時，梁啟超指出霍布士最大的貢獻是提出「以契約為政治之本，是已知眾人所欲以立邦國之理，其見可謂極卓」。[54]而霍布士把契約看作是人人為自保其利益的結果，亦合乎社會達爾文主義，但梁氏批評霍布士過份強調衝突性，不了解自由是本性，是與生俱來。

> 霍氏所謂人各相競，專謀利己，而不顧他人之害。此即後達爾文所謂生存競爭優勝劣敗，是動物之公共性，而人類亦不免也。苟使人類僅有此性，而絕無所謂道德之念，自由之性，則霍氏之政論，誠可謂完美無憾。[55]

因此梁氏認為霍布士不了解仁愛自由是共通的本性，是其契約論之缺失。使霍布士契約論更臻完美的是盧騷。

梁啟超認為盧騷才真正了解到自由本義。梁啟超為盧騷自由下的定義是：「自由權又道德之本也，人若無此權，則善惡皆非己出，是人而非人也」。[56]換言之，自由權是人認識世界，判斷善惡的基礎，無自由則會失去人之資格，所以說的自由是天生，而且是無法損害的。但梁氏其後又引盧騷之言：「民約中有第一緊要之條款曰：各人盡舉其所有之諸權，而納諸邦國

---

[54] 梁啟超，〈霍布士學案〉，《飲冰室文集》，卷6，頁92。
[55] 同上註。
[56] 梁啟超，〈盧騷學案〉，《飲冰室文集》，卷6，頁101。

是也」。則人之自由又似乎會因加入國家而受損。對於個人自由與國家權力間矛盾，梁啟超此時是絕對支持個人自由。他反對「人民為國家之附庸也，是惟邦國為能有自由之權」說法。認為個體在加入群體後，並不會減損自由。反而因有國家保護，更會增加其自由。梁啟超對自由的樂觀看法，又帶出原來的問題，即是個人自由的增加，如何能不妨礙群體的運作，梁啟超借用盧騷的主權及公意作解答：

> 人人既相約為群以建設所謂政府，則其上之主權當何屬乎？盧騷以為民約未立以前，人人皆自有主權，此權與自由權合為一體，及約之既成，則主權不在於一人之手，而在此眾人之意，而所謂公意者是也。[57]

換言之，梁啟超把個體自然之權劃分為兩個範疇：自主之權及自由之權。在訂定契約後，個體把自主之權交予公意，而群體能指揮個體之權力是源於公意，亦即公意能夠為全體共同遵守的原因是由於它是個人自主權之集合體。梁啟超在維新時期曾提過自主之權，其意思是指每個人的權益所在。不過，他在這裡進一步引申，認為在民族國家形成前，自由權與自主權都是屬於個人。但在民族國家形成後，人民只保留自由權，而自主權則交公意。換言之，道德判斷屬個人自由，而個體權益則交由公意決定，則群體之衝突自可以減少，而個人自由亦可以保存。

在劃出公意及自由兩個範疇後，梁啟超似乎已解決個體間的矛盾問題。事實上並未然。在社會達爾文主義下個體與個體、

---

57 同上註，卷6，頁101。

群體與群體間最大之衝突是爭取利益的自由，梁啟超採取自然學派的說法，以道德為自由之源，則群體的共識可成立。現在梁啟超卻又把人之整體二元化，分為公意及自由，民族內之利益衝突似可解決，實際上只是把矛盾內在化，成為個人之私慾與道德的對立。梁氏在其後一年中的新民說中，其連串的立論的目的都是希望籍個人力量以解決公與私的平衡。在一個理想世界的破壞後，因此梁啟超的民族是建立在對個體的嚴格要求上，每個人必須克服其私慾，民族才可以和諧安定。

梁啟超的民族思想不但無法解決個體的內在矛盾，亦無法解決民族間的矛盾。這種矛盾可見之於其對自由及社會達爾文主義兩派政治思想的評價。在「國家思想變遷異同論」一文中，他指出國家理論在二十世紀有兩大不同派別：以盧梭為代表的平權派及以斯賓塞爾代表的強權派。

> 於現今學界，有割據稱雄兩大學派，凡百理論，皆由茲出焉，而國家思想其一端也：一曰平權派，盧梭之徒為民約論代表之。二曰強權派。斯賓塞之徒為進化論者代表之。平權派之言曰：人權者出於天授者也，故人人皆有自主之權，人人皆平等……故人民當有無限之權，而政府不可不順從民意，是即民族主義之原動力也。其為效也，能增個人強立之氣；以助人群之進步，及其弊也，陷於無政府黨，以壞國家秩序。強權派之言曰：天下無天授之權利，惟有強者之權利而已。故眾生有天然之不平等……國家由競爭淘汰不得已而合群以對外者也，故政府當有無限之權，而人民不可不服從其義務，是即新帝國主義之原動力也。其為效也，能確立法治之主格，以保團體之利益。及其弊也，陷於侵主義，蹂躪世界和

平。[58]

　　梁啟超雖然對兩大派各有褒貶,但在文內並沒有決定取捨。事實上梁啟超在文中一面仍盛讚民族主義之光明正大,「不使他族侵我之自由,我亦毋侵他族之自由」。另方面仍哀嘆「自有天演以來,即有競爭,有競爭即有優劣,有優劣則有勝敗,於是強權之義,雖非公理而不得不成為公理」。

　　為了強調當時中國仍要實行自由主義,不應實行「群體壓抑個體」的帝國主義,梁啟超不得不求助於進化論。他認為國家之成立,必先經過民族階段,才會進一步到達民族帝國主義階段。而中國在當時連民族國家都尚未達成,根本無資格談民族帝國主義問題。梁氏是以反對「以政府萬能之說移殖於中國,則吾國將永無成國之日矣」。[59]換言之,強權仍會在最後勝過公理,中國之不實行帝國主義,只是限於進化階段而已。

三、結論

　　至一九零一年,梁啟超在基本上已放棄中國的傳統世界秩序,接受了社會達爾文主義,認識到個體在進化所中所產生的積極作用,並且相信民族是最能代個人利益的一個社會團體。不過,社會達爾文主義強調世界是不斷變動的。在這變動的過程中,個體固然可以獲得自由,發揮其主體性。然而在物競天擇的進化過程下,傳統世界原有的人生終極意義亦同時喪失。在一個無所寄託的世界裡。梁啟超建構一個以社會為主體的民

---

[58] 梁啟超,〈國家思想變遷異同論〉,《飲冰室文集》,卷 6,頁 19。
[59] 同上註,卷 6,頁 22。

族群體，用作個人的歸宿。

梁啟超的民族主義建構工作並不成功。最主要的原因是他過份關懷中國的生存問題，民族成為天地間最後的安身之所。在缺乏一個理想的宇宙觀下，梁啟超的民族主義對內是強調一個自我克制的個體，以求取民族內的和諧。同時對外則強調民族與民族之間亦是一個適者生存過程，強權勝利是天地間的自然定律。梁啟超在一九零三年突然改變他的同情革命立場會引起史家的許多爭論，不過由思想史的角度看，梁啟超雖然曾一度接近革命派，然由其對人性及權力的消極看法，其在一九零三年突然捨棄個人主義，轉向以群體為主的大民族主義仍是有脈絡可追尋的。

第五章　歷史文化的追尋：
章太炎民族主義的形成

　　在第二次世界大戰以前，民族是被認為是一個自然形成的人類團體，民族主義是人類與生俱來的感情，這個看法一直沒有受到懷疑。直到二次大戰後，西方學者重新思考，認為民族主義只是由傳統過渡到現代過程的產物，一旦現代化成功，則民族及其自意識態自然消失。但現代化學派的預期並沒有實現，民族主義在過去十年來不但沒有消失，而且有變本加厲之傾向，不但第三世界國家的民族主義不絕如縷，而且原來一向被認為有扎實民族作基礎的國家，國內亦出現族裔問題，因此不少西方學者要重新思索民族主義這個問題。[1]在中國亦出現同樣的情況，民族主義史觀是近百年來理解近代中國最重要的架構之一，民族主義這個命題若受到質疑，對近代中國發展必須

---

[1]　有關現代派及傳統派之爭，其比較扼要的敘述見 Anthony D. Smith, *The Ethnic Origins of Nations* (London: Basil Blackwell Ltd, 1986), pp. 7-13.

重新再作評價。事實上自八十年代以來，由於大陸、台灣在政治、社會及經濟上的急劇變化，近代史的傳統看法正受挑戰，因此重新探討民族主義這個問題不但是理論上研究，在中國研究上也有極為重要的意義。

對於民族是現代或是傳統的產物，本文觀點是傾向於前者。民族主義的出現，固然是有其歷史上存在的基礎，但在現代化的過程中，民族這個命題重新被提出來，一定有他的時代意義，這個時代意義不但代表新因素的導入，而且原來對民族的詮釋亦會有所改變。只是在傳統形式的掩蓋下，要發現民族內涵的實質變化並不容易。本篇文章是研究清末民族思想的一部分，希望是在追溯中國近代民族主義的源起過程中，釐清傳統對民族主義理解所帶來之障礙，能真正探討近代民族主義的實質內涵。

現代中國民族主義的起源是在清末，並且以反滿形式出現。反滿思想一向被認為屬於所謂傳統的種族觀念。但這種觀念是否直接成為中國近代民族主義的基礎是值得商榷。因為中國傳統種族主義是以血緣或華夷之辨作為民族界限。但近代民族主義則是起於啟蒙時期人對個體自覺的自由主義，到十九世紀再進一步發展成自由民族主義的政治意識。民族於是變成是以個體為構成的政治團體。[2]這種以自由主義為基礎的群體意識

2　談自由主義與民族主義的關係的書不多，早期是 Hans Kohn，但 Kohn 的看法過份樂觀，以為兩者是相輔相成，Kohn 仍然堅持其十九世紀的自由民族主義觀。最近則是 Yael Tamir，Tamir 較 Kohn 進一步，認識到兩者所代表之個體與群體是有矛盾，但認為兩種價值觀是可以共處，方法是政治上採多元模式，而文化上則尊重各族群之獨特價值。換言之，Tamir 仍視自由與民族為兩種顛撲不破的價值，未能了解兩者均是現代化下的意識形態。對自由與群體兩種概念形成的經過，可以參考 Louis Dumont。Hans Kohn, *Nationalism: Its*

是傳統種族思想所缺乏。近代民族主義如何擺脫傳統的種族主義，而與自由主義結合，是本文的探討重心。探討方法則是透過研究在辛亥革命扮演關鍵角色章太炎的民族思想，以理解其結合過程。

章太炎在辛亥革命中扮演著舉足輕重的地位。在政治上，他是第一個提出反滿口號的知識分子。以章太炎當日在士大夫間之名望，其震憾性是可以想像。當然，孫中山的反滿是更早於章太炎。但章氏認為孫中山在晚清的智識分子中並無威信，是透過他的關係，孫中山才能與學生接近，擴大革命力量；更重要的是章氏自詡其在思想上所作貢獻。[3]他認為清末革命一直是擺脫不了君主立憲與自由平等兩個模式，直到是他在寫「駁康有為書」後，革命方向才一統於反滿的旗熾底下。章氏說法雖不無自矜之嫌，但確實道出他在辛亥革命所扮演的角色。本文是要討論章氏的反滿如何能超越狹隘之種族主義，一方面成為自由平等的代號，另方面更為中國奠定現代國家的基礎。

章太炎民族主義的重要性不單是政治上，在文化上他亦是中國近代文化的奠基者。章氏號稱古文學大師，入民國後其為傳統考據學派重鎮是當然之事。然而在其民族主義的典範影響下，其考據學已脫胎換骨，大異乾嘉之學，為清末中國另創一

Meanings and History (Princeton, N.J.: Van Nostrand, 1955); Yael Tamir, *Liberal Nationalism* (Princeton: Princeton University Press, 1993); Louis Dumont, *Essays on Individualism: Modern Ideology in Anthropology Perspective* (Chicago: University of Chicago Press, 1986).

[3]　湯志鈞編，《章太炎年譜長編》（北京：中華書局，1979），冊上，頁421。章氏在 1912 年發此言，其時袁世凱為攏絡革命黨，特授大勛與孫中山，黃興等人，而章太炎只獲二等勛，故章氏鳴此不平。

新文化。試檢查辛亥前後之文獻，章氏之影響實超出所謂考據範圍。不但包括一些近代中國研究佛學的人如熊十力、梁漱溟，而且不少反傳統之新文化運動主將如胡適，顧頡剛亦深受其影響。[4]近年來已有不少學者重新評價章太炎思想在近代中國之作用。有人認為章氏思想已超逾民族主義範疇，其最終目的是要為近代中國重新建構一個宇宙秩序，[5]亦有人指出章氏之西學深湛，在中國之西化過程扮演重要角色，[6]更有人指出章太炎在清末有不少反對儒家觀點，實為五四運動反傳統之先行者。[7]這些研究無疑都有助澄清章氏在中國近代史上之貢獻。但這些研究都忽略了章氏之民族主義，認為其反滿思想只是一個政治口號，缺乏實質內容，其目的只是推翻清朝而已。事實上章氏之反滿思想隱含著近代自由觀念，其對中國之影響是超越政治，為近代中國開創一個自由民族主義的文化典範，這亦是本文要論證的第二點。

　　對於章太炎民族思想的發展，本文是以中日甲午戰爭為起點，而斷於一九零三年《訄書》重訂本的出版。甲午戰爭的失

4　有關章氏對上述諸人影響，可參見王汎森，《章太炎的思想》，（台北：時報
　　文化出版企業有限公司，1985），頁 204-217。王汎森多集中在新文化運動新
　　派諸人。有關梁漱溟，見 Guy Alitto, *The Last Confucian* (Berkeley, Calif.:
　　University of California Press, 1979), p.6. 有關熊十力，見熊十力，《熊十力論
　　著集之一：新唯識論》（台北：里仁書局，1993），頁 5。

5　Hao Chang, *Chinese Intellectuals in Crisis* (Berkeley, Calif.: University of
　　California Press, 1986).

6　中國大陸近年有關章太炎的研究，多採此種觀點。見姜義華，《章太炎思想
　　研究》（上海：上海人民出版社，1985）；鄭師渠，《國粹、國學、國魂》（台
　　北：文津出版社，1992）。

7　王汎森，見前引書；陳萬雄，《五四新文化運動探源》，（香港：商務印書館，
　　1992）。

敗，促使中國知識分子謀求徹底改革，這是章太炎民族思想的
源起。但章氏對所謂改革是沒有方向的，由民族的形式以至改
革的方法都仍在摸索中，故其間章太炎的重要著作《訄書》曾
兩度改版，直至一九零三年《訄書》重訂本的出現，才象徵章
太炎完成其反滿民族理論，故亦以此為本文下限。

一、近代民族主義與現代群體意識的出現

　　無論傳統民族主義或近代民族主義都是一種群體意識，對
某一種特定團體的認同。但兩者的差別卻在個體與群體的關係
。傳統民族主義是以血緣或忠誠作為個體與群體的關係，這只
強調歸屬感，不重視個體是群體的主體，與近代民族主義強調
個體的自覺參與是不一樣。不過由於歷史背景使然，章太炎在
建構其近代民族主義時，卻常把反滿的傳統民族思想與現代民
族的個體思想混為一談，抹殺兩者之間的差別。本節要澄清反
滿與現代個體意識是兩個不同的層次。

　　章太炎之反滿思想起於何時？據章太炎自言在其少時從
外祖父朱有虔學，曾讀「東華錄」中戴名世，呂留良，曾靜事，
始知夷夏之防。[8]章氏的記述確反映出有清一代滿漢分野是不
絕如縷。但在這裡，他混雜了血緣的種族主義及自由民族主義
兩個概念。因為由種族身份意識上升為政治意識的民族主義是
有一個過程，兩者並非二而一。因此章太炎在年幼時具種族意
識的事實，邏輯上仍不能下其日後必然要推翻滿清的結論。

　　事實上在維新運動時期，章氏一直是支持滿清政府。一八
九六年，康有為在上海創立強學會時，章太炎曾捐會費資助，

8　《章太炎年譜長編》，冊上，頁6。

到次年一月，章氏離開詁精經舍，參加維新派《時務報》之工作。但章氏在時務報之時間並不長久，僅僅四個月便因與康黨齟齬而離開時務報。根據章氏回憶，齟齬原因大約有三：首先是對新學的態度問題，「時新學初興，為政論者輒以算術、物理與政事并為一談。余每立異，謂技與政非一術，卓如輩本未涉此，而好援引其術語」；其次為治學方法，「余所持論不出《通典》、《通考》、《資治通鑑》諸書，歸宿則在孫卿、韓非」；三為對種族看法，「康氏之門，又多持《明夷待訪錄》，余常持船山《黃書》相角，以為不去滿洲，則改政變法為虛語，宗旨漸分」。[9]

綜而言之，章氏認為其與康黨不合，主要在新學及反滿兩方面。章氏認為新學中之自然科學，與政事不屬一類，不能與改革中國政治混為一談。中國改革必須以中國歷代沿革為據，不能事事強學西方。在〈變法箴言〉中，章氏便指出康黨所追求之民主與議院，在西方行之有年才成功，且仍有弊端。「〔華盛頓〕出令而創民主，民固無所競矣。然三十年以來，林肯遭弒，嘉飛遭弒，賊殺之獄兩見，其置君若奕旗，其屠君若割牲……今泰西會黨，票忽勁疾，橫行無所忌……故入則心非，出則巷議，人善其所私學，以非上之所建立，其議不如默也」，故章氏主張「學堂未建，不可以設議院；議院未設，不可以立民主」，反對康黨的全盤西化改革。[10]

假如章氏對新學態度明顯反映出他的反西化心理，則他的民族主義立場亦非由近代民族主義的群體觀念出發，而是由個人道德觀念而來。黃宗羲及王夫之一向被視為明末之反清知識

9　同上，頁38。
10　湯志鈞編，《章太炎政論選集》，（北京：中華書局，1977），冊上，頁21-22。

份子，而章氏在這裡卻把兩者對立起來，認為支持黃宗羲的康黨是非民族主義者。事實上，章氏所反對的是黃宗羲之道德操守，他不滿黃氏的不忠，這與近代民族思想是有差別的。在這裡，章氏又把兩者之界限模糊了。章氏在一九零六年曾在民報指責黃宗羲「以明夷待訪為名，陳義雖高，將俟虜之下問」。[11]是以不滿黃梨洲有向滿清有屈節相從之意，故章氏以王船山之《黃書》相抗。章太炎之崇船山而抑梨洲，一方面黃書是提倡反滿復漢之書，另方面是他認為兩人在氣節上有高下之別。是以他在自定年譜中指出黃宗羲「守節不遜，以言亢宗，又弗如王夫之」。[12]換言之，他是懷疑黃宗羲之人格，不足賴以當改革之任。他之仰慕王夫之，純粹是因其不屈之氣節。因此章太炎日後回憶其在維新時期之反滿態度，是他的強調中國之特殊性及重視個人氣節有關，這種強調道德作用的想法，與近代民族主義是有一段距離的。

事實上章太炎認為維新變法成功關鍵在於要有一種赴湯蹈火之精神。在〈變法箴言〉中，章氏便認為「變法者，非口說也，必躬自行之；躬自行之而不可濟，必赴湯冒白刃以行之」。他是非常羨慕日本明治維新時尊王攘夷的精神，「方日本之議尊攘，忤大將軍意，逮系數百，斷項絕脰，而氣不少衰……卒使幕府歸政，四鄰不犯，變更法度，舉錯而定」。[13]假如日本是一個維新成功的例子，則王夫之為章氏提供一個中國之典範，以種族大義激勵士氣。但當時章氏意識上之外敵並非滿洲，而是東來之白人。故他反對任何激烈革命，為白人造就機會。

11　〈說林〉，《太炎文錄初編》，（上海：上海書店，1992），卷一。

12　〈非黃〉，同上註。

13　〈變法箴言〉，《章太炎政論選集》，冊上，頁22。

民智愈開，轉相傚效，自茲以往，中國四百兆人，將不可端拱而治矣……雖然，土崩又非百姓之利也。秋霜降者草花落，水搖動者萬物作，故內亂不已，外寇閒之……是自戰鬥吾黃種，而反使白種為之尸也然則如之何而可？曰：以教衛民，以民衛國，使自為守而已。變郊號，柴社稷，謂之革命；禮秀民，聚俊材，謂之革政。今之亟務，曰：以革政挽革命。[14]

因此，章太炎對維新的看法，一方面在傳統的規範下吸取新知，另方面則是振民氣促改革。但一方面要促民氣以變，一方面要維持傳統架構，變與穩定兩者顯然是包涵著內在矛盾。對章太炎而言，他是希望倚賴滿清皇帝為代表的政治結構作為穩定力量，解決上述矛盾。

由甲午戰爭至庚子拳變，章氏一直是個保皇的維新者，支持光緒皇帝進行改革。雖然如此，章氏的反滿思想在此期間卻在滋長中。不過並不是如他所說源於漢族主義傳統，而是由於外來思想的衝擊。對於這一點，章太炎本身亦曾在一九零五年坦率承認：

兄弟少小的時候，因讀蔣氏《東華錄》，其中有戴名世，曾靜，查嗣庭諸人的案件，便就胸中發憤……後來讀鄭所所，王船山兩先生的書，全是那些保衛漢種的話，民族思想漸漸發達。但兩先生的話卻沒有甚麼學理。自從甲午以後，略看東西各國的書籍，才有學理收拾進來。

14　〈論學會有大益于黃人亟宜保護〉，同上註，頁13。

15

然章氏所謂的學理究竟指的是甚麼？這就是嚴復所帶進來的群體觀念，亦是現代社會的構成觀念。在甲午戰爭後，嚴復大聲疾呼，中國要救亡圖存，必須要向西方學習。而學習的地方不再只限於船堅炮利，而是西方組織群體的方法。在〈原強〉一文中，嚴復指出西方國家富強原因是在乎其群體之有機性組織。這群體有機性之形成，是由於宇宙間物競天擇之進化規律，西人為圖存世上，發揮其智術，訂定社會法則及自由平等之道。

> 彼西洋者，無法與法並用而皆有以勝我者也。自其自由平等觀之，則捐忌諱，去煩苛，決壅蔽，人人得以自行其意……自其官工商賈章程明備觀之，則人知其職，不督而辦。[16]

嚴復提出優勝劣敗之社會達爾文主義，當然令新敗之餘的中國人大為警惕。但更衝擊當時知識分子思想的卻是隨社會達爾文主義而來的有機群體觀念。嚴復所談之自由有機體，本身是包含著矛盾。因為自由和有機是兩個不相容的概念。但這一點在當時並不重要。重要的是嚴復提出一個傳統儒家所缺乏的社會概念。因為儒家傳統的宇宙觀是天人合一，由人到天道是一貫相通，人每一個活動都是道的體現。但現在根據嚴復之有機體理論，一個有機社會卻是橫亙在個體與天道中間，它在成為個體獨特性表現的同時，亦是天人雙方溝通的障礙。這是對

---

15 〈東京留學生歡迎會演說辭〉，同上註，頁 269。

16 王栻編，《嚴復集》，（北京：中華書局，1986），冊 1，頁 13。

傳統儒家體系一個嚴重挑戰。但亦提供當時知識分子一個新的改革方案，以群體作為內政改革之基礎。甲午戰後康梁追求一個急進的民主計劃，無疑是受到嚴復的影響。

政治改革是否可以由嚴復所倡導的新群體完成，是維新運動以來一直縈迴於章太炎腦海的問題。然章太炎所以異於康有為及梁啟超的地方，是他不由一個普遍性的歷史法則去探求合群之道，而是由微觀角度去尋找群之形成過程。他的探索可以在一八九九年一連串哲學性文章反映出來。其中最具代表性的著作是「菌說」。在〈菌說〉裡，章太炎由追溯生物之源起開始，探究萬物結合之理，以至人類社會的形成。他認為萬物皆由阿屯〔原子〕組成。

> 蓋凡物之初，只有阿屯，而其中萬殊，各原質皆有欲惡去就，欲就為愛力，吸力，惡去為離心力，驅力，有此故諸原質不能不散為各體，而散後又不能不相和合。[17]

在這裡，章氏承認一個多元化的世界，由各種不同的物質聚散而組成。至於聚合的緣故，他認為萬物皆有感覺，「空氣金鐵雖頑，亦有極微之知」，在這種感覺下，各物質便在其喜惡意識驅使下相結合或分開，由細菌而草木而生物。憑籍這種原始感情，經過不斷進化，人類社會終於出現。章氏注重實際感覺經驗，應是受清代考據影響，認為人類一切活動並非源於形而上的天理，而是個人對生活的基本經驗。雖然群是由人類之喜惡情感形成。但章氏認為道德規範才是社會安定之道：

> 人之有生，無不由妄，而舍妄亦無所謂真，是故去其太

17　〈菌說〉，《章太炎政論選》，冊上，頁131。

甚，而以仁義？括烝矯之，然後人得合群相安，斯途徑
之必出于此者也。[18]

　　章氏這種看法無異是受到荀子影響，以人並非天生聖人，
相對來說，人類之源起是一些簡單的生存要求。然而在這些求
生的本能下，人類是可以學習。而所學習之儒家仁義之道，才
成為群之基礎，故章氏認為：

　　人何以能群，曰分，分何以能行，曰義，故義以分則和，
　　和則一，一則多力，多力則強。[19]

　　由於章太炎意識到宇宙是由各種不同的群體揉合組成後，
這種多元化的思想促使章氏民族意識的形成。章氏民族意識最
明顯的反映是在其一八九九年出版《訄書》中之〈原人〉一文。
在文中，章氏採用社會多元進化論觀點，認為「人之始，皆一
尺之鱗也，化有早晚而部族殊，性有文獷而戎夏殊」。[20]於此，
章氏明白表示民族為社會之基礎，而且民族之差別，在遠古人
類形成時便已出現。對章太炎而言，種性是絕對的，所謂「不
以形，不以言，不以地，不以位，不以號令，種性非文，九趨
不曰人」。章氏當時之種族意識是具有二重性：雖然同是異族，
他把中國四鄰民族與西方民族區別開來。在中國四周之民族是

---

[18]　同上註，頁132。
[19]　同上註，頁137。
[20]　汪榮祖曾指出章太炎思想之特點是歷史多元主義，這是一個十分精闢見解，
　　但汪榮祖過份強調章氏之多元主義是源於其反帝國主義侵略。章太炎固然要
　　排拒外侵，但同時他亦要接受中國是落後這一現實。為求突破這一矛盾，我是
　　強調章太炎之民族思想是對內而非對外，他是希望由多元觀點尋求中國群體
　　的改造，這點在他反滿以後更清的表現出來。見汪榮祖，《康章合論》，（台
　　北：聯經出版社，1988）。

野蠻民族，而西方則為文明民族。

> 嘗盜有冀州，或割其半，而卒有居三隔六釱，以臨禹之
> 域者，其遂為人乎？非也。其肖人形也，若禺與為也；
> 其能人言也，若猩猩也。[21]

但章氏亦得考慮文明民族間的關係，特別是與西方民族的關係。章氏認為雖然大家都是文明民族，但並不可能自由融合。西方民族雖然文化程度高，但「震旦」將不會降心厭志以事之。因為：

> 其貴同，其部族不同。觀於「黃書」，知吾民皆出於軒
> 轅……海隅蒼生，皆葛天之胄。廣輪萬里，皆葛天之宅。
> 以葛天之宅而使他人制之，是則祭寢者亡其大宗，而以
> 異姓為主後也。[22]

章太炎在〈原人〉一文似乎已完成其日後之反滿民族主義。事實上並未盡然。最明顯的証據是他在一八九九年所發表的文章〈客帝〉。文中表示滿清雖以異族入主中國，但中國「自古以用異國之材為客卿，而今始有客帝。客帝者何也？曰：「如滿洲之主中夏是也」。既云客帝，則主人為何？章氏以中國政治上之真正是法統是孔子。「中夏之共主，非仲尼之世胄則誰乎？……夫固曰：「素王不絕，黑綠之德不絕。則中夏之域，亙千百世而有共主。」[23]換言之，章氏雖認為文化上儒家已成為中國國本，但在政治體制卻不必與文化等同。這種政治與文

21　〈原人〉，《章太炎全集》，（上海：人民出版社，1984），冊 3，頁 22。
22　同上註，冊 3，頁 24。
23　〈客帝〉，同上註，冊 3，頁 65。

化之二元論，有異於章氏日後所提倡之民族文化主義，這顯示出章氏仍未完成其近代民族主義理論。

　　章氏以孔子為共主，滿清為客帝的觀點，一般認為是受康有為之影響。甚至章太炎本人在揭櫫反滿旗幟後亦曾懺悔：「余自戊、已違難，與尊清者游，而作〈客帝〉，飾苟且之心，棄本崇教，其違於形勢遠矣」，[24]這看法是有問題的。章氏當時固然同情康有為之立場，但章氏之所謂之孔氏儒家秩序是遠異於康有為。首先是對儒家之詮釋，章氏便堅持清考據學之傳統，與康有為有異。其次章氏一直反對以儒家為宗教信仰，在一八九九年發表之〈儒術真論〉中，章氏便論述儒家之真義在主張天為不明及無鬼神，很清楚顯示出章氏無意奉孔子為教主。

　　章氏之尊奉儒家為中國立國之本，與康有為可以說是結論相同，但前題卻大異。康有為與章太炎同樣是由進化觀點看中國改革，但康氏之儒家是以公羊張三世作為群體由落後到文明之道，並由此而求取一個歷史普遍法則，一方面作為中國吸取西方文化一個理論基礎，另一方面則抹去人類之差異性，作為日後世界大同之基礎。這個可以說是個一元進化觀。在這個架構下，康氏是把皇帝當作統合宇宙萬物化身，用政教合一作為改革中國的手段。但章氏之進化卻與康氏相反，他的群體是求之於個體的特異性，以此作為合群之基礎，再由此進一步形成群體。章氏是反對抹殺個體之差異性，反對強不同為同，故可以說是一個多元進化觀。同時亦因此歸結出一個文化政治的二元方式作為中國之改革手段，即政治上以清政府為主，而文化上以儒家為主。章氏這種看法並非純粹為遷就現實，他這種強

24　〈客帝匡謬〉，同上註，冊3，頁119。

調文化與政治各有自主性的看法是一直保持到革命成功以後。

　　章太炎之多元論看法似乎已使他踏進了近代民族主義的門檻，事實上仍未然。章氏所堅持之儒家概念，與近代民族主義在概念上仍有所衝突。近代民族主義之基本概念略言有三：一為平等性。在近代民族主義之概念下，各民族以至群體是處於平等地位，不能以文明野蠻作為分野。二為同質性，即民族內部各個體均具共通性，以此才能形成一個有共識的社會。三為自然性。民族社會是由自然進化而成，不是由任何人為及外來力量所促成。上述三者，皆不合適章太炎所談之群體。

　　首先章太炎的群仍以文明與野蠻作界限，缺乏民族間的對等精神。這種文明與野蠻對立觀的來源有二。其一是來自傳統中國華夷觀。傳統華夷觀以中國為文明中心，四周民族均屬野蠻。但在西力東漸後，中國已不能獨佔文明，然而章氏仍沿襲華夷觀，一直嘗試為中國文明尋找它的特殊性，使能在世界文明上佔一席位。對章氏而言，中國文明的精髓就是儒家秩序。是以在維新期間，章氏一直在思考儒家與西方文明異同，企圖總結出中國民族合群之道。他努力的結果可以在〈儒術真論〉一文看到，文中明確指出儒家特點，「仲尼所以凌駕千聖，邁堯舜，轢公旦者，獨在以天為不明及無鬼神二事」。[25]對於這兩個觀點，章氏是終身信守不渝。當然，儒術真髓在日後是章氏國粹之基礎，在維新時仍是文明及野蠻之分界，有礙他成為一個近代民族主義者。另一個文明野蠻對立觀的來源則是社會達爾文主義的進步觀念。所謂進步觀念，是指世界正在由一個

25　〈儒術真論〉，《章太炎政論選集》，冊上，頁120。

進化中的歷史統一。它是西方啟蒙時代的觀念,但在十九世紀末,卻是在社會達爾文主義的傳來下,成為一個文明史觀,認為隨著進化,歐洲文明會成為世界史之主流,向落後地區擴散。[26]但這種以文明野蠻來界定世界的觀念,與中國的傳統種族觀念頗接是為章太炎所接受。

　　第二,章氏之群體亦非一同質社會。章氏在〈菌說〉便認為萬物殊性,故一群中之個體本質亦各有不同,故章氏非難民主平等之說。他認為「有生與之技,有形與之材,官其劑量,則焉可平也」。因此平等之說,只適用於階級森嚴社會,若印度及中國之南北朝時代。一般人群,包括所謂民主社會,亦無須強行消滅人之差別性。「夫一闤之市,必立之平,一卷之書,必立之師,雖號以民主,其崇卑之度。　無大殊絕,而其實固己長人。故曰: 以不平平,其平也不平」。[27]章太炎不但主張萬物殊性,而且利害亦互相衝突。章太接受荀子人性為惡的看法,認為群裡面是充滿矛盾的,故是「群者,爭道也。古之始群其民者,日中為市,交易而退,其義則取諸『噬嗑』,而明罰飭法自此始」。因此必需有一個王者出現,才能消解群內之矛盾。[28]因此對民族主義者構想的一個和諧而自由的社會,章太炎在維新時期內並不抱有樂觀態度。

　　第三,章亦認為群並非一個自然團體。在維新時期以至稍早,章氏固已接受生物及群體是經過演化而成之說。所謂「人之生,始未嘗不以釣魚閒處持其壽,少選而用日亟,有不得己

[26]　Peter J. Bowler, *The Invention of Progress* (London: Basil Blackwell, 1989).

[27]　〈平等難〉,《章太炎全集》,冊 3,頁 38。

[28]　〈明群〉,同上註,冊 3,頁 51。

焉，故厚其六府，分其九職，出相入偶，以有無相資」。[29]但章氏卻不認為這便是人類文明之起源。正如上文所說，社會是一個矛盾體。要社會向前發展，必須王者出現。對章太炎而言，王者不單是指政治上的，同時也是社會上制禮作樂的聖人。故社會秩序並非一個自然的產物，而是一個人為的結果。對於個體主體性的作用，章太炎一向十分堅持。在「菌說」中，章氏便分辨兩種不同的進化：「致力而自造者」及「不假力而自造者」。所謂「致力而自造者」，是指生物因外來環境影響其進化，如鳥為修理其羽毛，故不得不有修頸長喙；所謂「不假力而自造者」，是指生物為自存而自行改善，如生物改變其顏色以保護其生存。[30]章氏對兩種進化差別之解釋並不令人滿意，但其目的則十分清楚。對人力之頌揚，莫過於〈明獨〉一文，章氏在文中認為「大獨必群，群必以獨成」，聖人，明君以至元帥，均是在其能獨樹一熾，才能卓然成群，而且是創造性愈強，而所成之群愈大。

　　總括來說，章太炎雖然認識到重建群體是中國改革的一個方法，他是反對康梁所倡導的西化模式。他仍然以儒家秩序作為改革與維繫傳統的平衡點。由於儒家的非民族主義因素仍在作用，故章太炎在一九零零年以前仍支持清政府作為改革重點。他的民族主義必須待清政府的合法性受到挑戰，動搖儒家之政治基礎，才能進一步得以發展。

29　同上註，冊 3，頁 51。
30　〈菌說〉，《章太炎政論選集》，冊上，頁 132。

二、由保皇到反滿：傳統政治秩序的崩潰

　　章太炎之維新方法是以儒家作為出發點，再以此為基礎作政治改革。但維新進展，卻未如章氏想像中順利。政治上的挫折，不得不使章氏重新思考文化政治之二元方式，到最後則改而取反滿之民族主義。本節是探討章氏轉變之歷史背景。

　　百日維新的挫折，似乎仍未能動搖當時知識分子對傳統政治的信心。在康梁失敗後，他們繼續寄望於中央之皇帝及地方之督撫，作為改革的推動力。這趨勢可以在章太炎在百日維新後的政治態度可以見到。

　　在百日維新失敗後，康有為在海外組織保皇會，號稱得光緒皇帝之衣帶詔，進行反慈禧活動。當時一些保守者指責康有為「泄秘謀以速主禍，非忠也；訐宮闈以崇嬖直，非恕也」，[31]以不忠不恕責康有為。但章太炎卻為康氏辯護，認為無論康氏有無保皇黨之組織，慈禧為保權位，其囚光緒是必然，無待康有為之是否組織保皇會。雖然如此，章氏對皇帝之權威仍具信心，認為光緒仍可藉其地位維持其改革中心角色，慈禧是不敢冒大不諱弒光緒：

　　　其果于幽囚而不果于弒也，以囚之則君若贅旒，而位號未改，幸四鄰可無動，而弒之則必不可以僥倖。[32]

　　除在法統上光緒有其號召力外，章氏更認為其有意識形態上之作用。他指責當時　之知識份子均缺乏改革決心：

　　　且夫華士之選懦亦甚矣。彼拘于成俗，而不足以陟皇之

31　〈答學究〉，《章太炎政論選集》，冊上，頁81。
32　同上註，頁81-82。

　　赫戲者，橫九服而皆是也。是故山崩陵阤，而宴臥者如
　　故，非有馳檄，則氣何自作？憤何自發？[33]

　　因此章氏認為康有為之保皇運動實有振弊起衰之功。

　　章太炎另一個在傳統中求變的構想則為加強督撫權力。章氏亦瞭解要改革中央政府並不容易。他的另一個構想則是恢復封建制度。在「分鎮」一文中，章氏提出若「官制不及改，則莫若以封建，方鎮為一」。章氏建議仍以東三省，河北，山東，河北及河南為中央政府直轄地方，全國其餘地方包括新疆，西藏等地則分為五道，每道置督撫，擁有道內軍政大權，除每年貢稅外，與中央政府無直接關係。督撫除喪土缺貢兩原因外，不得開缺。章氏認為這種分鎮方式之優點是「外人不得挾政府以制九域，冀少假歲月以修內政，人人親其大吏，爭為效命，而天下少安矣」。[34]

　　但保皇及封建兩個方式在一九零零年均先後破滅。首先是在年初，清宮廷內有廢光緒皇帝之謠傳。雖然由於國內外的反對，光緒仍能保存其帝位，但對皇帝統治的法統性卻有一定之衝擊性。另一件更重要的歷史事件便是義和團事變。義和團事件不但暴露了清廷的無能，無法擔任中國改革的任務，而且也暴露了各省督撫暮氣已深，亦無法肩負改革重任。在義和團事變發生後，兩個最負時望之地方總督，李鴻章及張之洞都曾與維新派有所接觸，但並未能採取更有效行動，李鴻章在六月且上北京擔任議和大臣。章太炎曾有公開信，要求李留在廣州，當然無法改變其主意。

33　同上註。
34　〈分鎮〉，《章太炎全集》，冊 3，頁 73。

　　當保皇及利用督撫兩個方法並未能推動改革時，清末維新
運動頓時陷入困境。最能反映出當時知識分子的困境便是一九
零零年在上海召開之張園會議。「張園會議」是康有為在幕後
策動，目的是建立一個類似國會之全國性會議，以知識分子為
基礎，推動支持光緒、反對慈禧的運動。當時參與的人多半是
有名之知識分子，包括南來避難之北方知識分子如嚴復，容閎。
章太炎亦參加是次集會。會中選出嚴復為國會會長，容閎為副
會長。會上宣佈大會宗旨有五：一、不承認慈禧政權為合法政
府；二、聯絡外交；三、平內亂；四、保全中國自主；五、推
廣支那未來之文明進化。[35]張園會議無異於否認清朝的合法統
治性，這是維新知識分子在政治態度上一個重大轉折點。但在
另一方面，維新派卻仍打算迎立光緒皇帝，繼續以光緒作為改
革號召。[36]章太炎認為這是矛盾，因為既已不承認滿洲政權，
不應該對光緒再存幻想，所謂「誠欲光復漢績，不宜首鼠兩端，
自失名義」。[37]最令章太炎不滿是出席會議諸人均沒有決心與
舊政權決絕，這種缺乏自主性一直被章太炎認為是改革大忌。
章太炎曾在信上描繪會上紛亂情況：

　　　海上黨錮，欲建國會，然所執不同，與日本尊攘異矣。
　　　或欲迎蹕，或欲〔排滿〕，斯固水火。就迎蹕言，信國
　　　〔指文廷式〕欲藉力東西，鑄萬〔指唐才常〕欲翁陳〔
　　　指翁同龢及陳寶箴〕鎮，梁公〔指狄葆賢〕欲密召昆侖，

[35]　孫寶瑄，《日益齋日記》，庚子七月初一條，轉引自姜義華，《章太炎思想研
　　　究》，頁138。
[36]　李守孔，〈唐才常與自立軍〉，吳相湘編，《中國現代史叢刊》（台北：文星書
　　　店，1964），冊6，頁99。
[37]　《太炎先生自定年譜》，（上海：上海書店，1986），頁8。

> 文言〔指汪康年〕欲借資鄂帥〔指張之洞〕。志士既少，
> 離心復甚，事可知也。[38]

因此章氏在一九零零年七月廿九日向與會諸人宣言反滿，並「割辮與絕」以示決心。是以章氏反滿最重要的原因是認為改革不能因人成事，必須有自立決心，故希望籍種族大義以激勵人心。在一九零一年發表之「正仇滿論」便表示種族仇恨非他反滿之出發點：

> 今之人人切齒於滿洲而思順天以革命者，非仇視之謂也。屠劊之慘，焚掠之酷，鉗束之工，聚歛之巧，往事已矣。其可仇視者亦姑一切置之，而就今日滿人則固制漢不足，亡漢有餘，載其皆窳，無一事不足以喪吾大陸。[39]

若種族仇恨不是章太炎反滿之目的，則其革命之最後目的為何？不少學者認為反抗帝國主義侵略是章太炎反滿民族主義之目標。當然，中國亡於外國之危懼，在當時知識分子之心中是十分普遍。章太炎在其「客帝匡謬」中即自劾：「滿洲弗逐，欲士之愛國，民之敵鑣，不可得也。浸微浸削，亦終為歐美之陪隸已矣」。[40]但對章太炎而言，中國所面臨之危機，實不止外國侵略，還有文化上及政治上兩方面，後二者在章氏心中之比重，實遠駕帝國主義之上。在文化上，章太炎認為當時

---

[38]　姜義華，頁137。

[39]　〈正仇滿論〉，《辛亥革命前十年間時論選集》（北京：三聯書店，1960），第一卷上，頁94。

[40]　〈客帝匡謬〉，《章太炎全集》，冊3，頁120。

知識分子「弗能昌言自主，而以責宣尼之主祐」。[41]故在文化
上名義上委之於儒家道德秩序，但事實上人人各謀其利，所謂
「用儒家之道德，故艱苦卓厲者絕無，而冒沒奔競者皆是」。[42]
在政治上，則一委之於皇帝，祈求立憲改革。然「豈有立憲之
世，一人獨聖于上而天下皆生番野蠻者哉」。[43]故章太炎反滿
所追求之目標，是在文化及政治上作根本之改革。

　　章氏認為中國若要改造其舊群體，反滿是無法避免。「滿
漢二族，固莫能兩大也。今以滿洲五百萬人臨制漢族四萬萬人
而有餘者，獨以腐敗之成法，愚弄之錮塞之耳……是故漢人無
民權而滿洲有民權，且有貴族之權者也」。[44]章氏認為滿族是
一個既得利益集團，在先天上是無法改革，唯一的方法是建立
一個漢民族社會，方能夠發揚自主精神，進行改革。因此章氏
之所謂種族革命，實際是要把由中國變成一個平等而同質的民
族社會。在這個社會中，每一個個體既可以發揮自已的主體性，
又可以建立一個共識的社會，這種樂觀的十九世紀的自由民族
主義，當然受到歡迎。

　　總括來說，章氏為革命而放棄其原來對群體的看法。換言
之，即推翻以儒家及皇帝等聖人所立之傳統包容性的秩序，另
外再建立一個同質性的社會，中國才可以進行改革。所謂同質
性社會，章太炎是以反滿的種族主義作為其基礎。不過反滿固
然能迎合以漢人為主的中國社會，但章氏卻難以解釋這種以血
緣為基礎的群體，如何在進化過程中維持其同質性？特別是在

41　同上註。
42　〈諸子學略說〉，《章太炎政論選集》，冊上，頁 291。
43　〈駁康有為書〉，《章太炎政論選集》，冊上，頁 203。
44　〈正仇滿論〉，《辛亥革命前十年間時論選集》，第一卷上，頁 95。

立憲與革命的論爭中，康有為指出漢族之純粹性實不可求。康氏首先認為滿洲、蒙古與漢族皆同出一源，「其辮髮衣服之不同，猶泰伯斷髮紋身耳」。其次，「中國昔經晉氏時，氐、羌、鮮卑，入主中夏，及魏文帝改九十六大姓，其子孫遍布中土，多以千億。今四萬萬人中，各種幾半姓同中土，孰能辨其為夷裔夏裔乎」。[45]章氏固然可以反駁漢族與其他種族並非同源，但康有為指出漢族與其他種族在歷史過中不斷混合，實不容易否認。故此章氏必須在進化的過程中，為變遷與永恆求取一個不變的形式。

三、社會達爾文主義對章氏民族主義之影響

對章太炎民族思想起決定性之作用則是社會達爾文主義。由於嚴復的介紹，章氏在一八九六年已開始留意社會達爾文主義。在一八九八年，章太炎更與曾廣銓合譯斯賓塞爾作品，成為「論進境之理」及「論禮儀」兩篇文章，刊登於昌言報。[46]但章太炎在這段時期所談的社會達爾文主義卻並非斯賓塞爾學派，而是赫胥黎學說，這點是一向為史家所忽視。[47]本節是要指出章太炎在思考以反滿作為改革中國手段的過程中，如何由赫胥黎之社會達爾文主義轉向斯賓塞爾學派。

---

[45] 康有為，〈答南北美洲諸華僑論中國只可行立憲不可行革命書〉，《章太炎政論選集》，冊上，頁 220-221。

[46] 姜義華，〈斯賓塞爾文集與章太炎文化觀的形成〉，胡偉希編，《辛亥革命與中國近代思想文化》（北京：人民大學 1991）。

[47] Benjamin Schwartz, *In Search of Wealth and Power* (Cambridge: Harvard University Press, 1964); James R. Pussey, *China and Charles Darwin* (Cambridge: Council on Asian Studies, Harvard University, 1983).

　　在這裡，先略為介紹斯賓塞爾氏之社會達爾文主義。斯氏之理論建立在其進化論中。斯氏是第一個西方學者創造進化（Evolution）這一名詞以取代自啟蒙時代以來進步（Progress）這一觀念。[48]與啟蒙時代學者相反，斯氏不認為進步是一個理性及和平的過程，而是一個物競天擇的進化過程。在這過程中，萬物為保護自己，不得不由簡而繁進化成一個有機性的複雜生物體。而人類則除在生理進化外，更發展成一個生活團體——「社會」。斯氏認為社會與其他生物團體類似，是人類要在這個物競天擇世界中求生存的一個有機體。斯氏除了界定「社會」這概念在進化過程所扮演的角色外，他更從科學的角度分析社會的演化階段，指出目前人類社會已進化到工業社會的階段，並籍此表示個體自由是進化之必要手段，反對國家進行任何干涉。[49]斯氏提出這個理論後，引起相當大的論爭，其中最主要的是：生物之有機體與社會是否屬於同一範疇？在人類社會中，個體自由是不是與社會之有機性有矛盾？西方學者對斯氏評價，大都認為其有機性社會及自由是個積不相容觀念，無法自圓其說。[50]近年不少人要替斯賓塞爾翻案，認為斯氏無意要把群體與個體對立起來。[51]雖然這些看法的出發點並沒有錯，但

---

[48]　"Herbert Spencer" in *International Encyclopedia of Social Science*, p. 122.

[49]　"Herbert Spencer" in *International Encyclopedia of Social Science*; Richard Hofstadter, *Social Darwinism in American Thought* (Boston: Beacon Press,1955), pp. 31-44.

[50]　T. S. Gray 指出二十世紀初自 John Dewey，Ernest Barker 以至最近 Ellen Paul 都一直批評斯賓塞爾氏之矛盾。見 T. S. Gray, "Herbert Spencer: Individualist or Organicist?" *Political Studies* (1985), XXXIII:236-237.

[51]　Mark Francis 認為斯氏之思想是發展的，故個體及群體因前後不同而產生矛盾; Robert Carneiro 則由功能學派觀點出發，用平衡概念解釋群體與個體之相容性：T. S. Gray 則認為個體與群體在斯氏的思想裡是相通的，並非對立。

問題是他們只從斯氏的理論結構尋求解釋，卻忽視他的歷史背景。這些解釋便變得懸空而不實際，無法指出斯賓塞爾為何在當時會提出個群關係的命題。

斯賓塞爾氏在十九世紀末提出他的社會理論有其歷史背景。自啟蒙時代以來，歐洲對進步一直是抱著樂觀的看法，認為人類以至世界一直向前邁進，但到十九世紀末，這種樂觀卻因科技進步及工業化而受到質疑。科技進步固然擴大人對宇宙的認識，但亦衝擊了傳統價值觀念，特別是以傳統神學為基礎的道德秩序，更因科學的出現而成問題。另一方面，工業化亦帶來大量社會問題，貧富差距擴大，階級對立日增。這都造成人與自然以至社會的疏離感。故十九世紀末的歐洲對人類前途瀰漫著悲觀氣氛。[52]斯氏之進化以至社會理論是希望能解決這一問題。他是採取一個樂觀的態度，用物競天擇的一種自然進化理論，使人能回歸自然，亦是用科學化的階段性進步，以消除社會內之緊張狀態。斯氏之概念也許有犯駁地方，但目的則是利用科學，找出一個自然規律，使人，自然，社會三者能調和。但是他要調和人與社會間矛盾的努力不免流於妥協，亦因此被 Richard Hofstadler 視為是一個保守者。

但赫胥黎之社會達爾文主義卻與斯賓塞爾有異。他區分進化為兩類。一種是天然進化，另一種則為社會進化。他認為斯氏所描繪之物競天擇方式只是天然進化過程，並非如斯氏想像

Mark Francis, "Herbert Spencer and the Myth of Laissez-Faire," *Journal of the History of Ideas,* 39:317-28 (1983); Robert L. Carneiro, "Structure, Function, and Equilibrium in the Evolutionism of Herbert Spencer," *Journal of Anthropological Research*, 29(1973):77-95，及前引 T. S. Gray 論文。

[52] Valerie A. Haines, "Is Spencer's Theory an Evolutionary Theory?" *American Journal of Sociology*, 93:5 (March 1988): 1200-1223.

的樂觀，它是充滿衝突及矛盾，最後甚至可能會自我毀滅。至
於社會進化過程則與自然過程完全不同。它是一個純粹人為過
程，目的是要克服自然進化中所產生之矛盾和衝突。人為的結
果便是文明社會的出現。[53]赫胥黎曾在他的《進化與倫理》一
書以園藝作一個十分著名的比喻。他認為天然之荒野，蓬蒿荊
榛滿佈，毫無美觀可言，只有在人工開發後，才有所謂園庭之
美，而且開植後之花園，必須以人力維護之，否則在一、二百
年間，花園又會再度蓬科滿目。[54]赫胥黎所謂人力，是指人類
之道德力量。一個文明之社會，是靠人自我約束之道德力量才
能進步，他是要反駁斯氏之物競天擇下的自然社會論，認為社
會是自然與人類道德力量交互作用下一個產物。赫胥黎更反對
斯氏之階段發展論。他認為斯氏之進化理論只能指出一個形式
，包括所謂趨異，天擇及物競三個過程，但忽視主體〔agent〕
在過程中所起作用。因此斯氏之在自然過程中每個變化，必須
是雙方面的作用，不可能有一個先驗的階段。[55]

　　章太炎對進化論的看法近似於赫胥黎。首先，章氏與赫胥
黎一樣，認為社會是一個道德秩序，由聖人所創立。其次，章
氏亦反對社會是宇宙普遍規律下的產物。甚至當章氏轉向反滿
，他仍對社會之普遍規律抱懷疑態度。在一九零一年，章氏在
探討史學原理的一篇文章「徵信論」便指責社會學者多執著因
果之說。章氏承認有所謂因果之理，其作用為「辨異而不過，

---

[53]　James Paradis, *Evolution and Ethics: Essays on T. H. Huxley's Evolution and Ethics in Its Victorian and Sociobiological Context* (Princeton: Princeton University Press,1989).

[54]　T. H. Huxley, *Evolution and Ethics* (Irvine, Calif.: Reprint Services Corp, 1988), Section 2.

[55]　Huxley, *Evolution and Ethics*, Section 2.

推類而不悖」，可以求「禮俗政教之變」，但章氏反對為歷史作
公律：「世人欲以成型定之，此則古今之事得以布算而知，雖
燔炊史志猶可」。章氏認為這是誤解因果之道，不知道因果間
關係變化甚多，不能以一模式放諸四海而皆準。[56]縱上所述，
章氏在一九零一年以前所言之進化論是赫黎胥而非斯賓塞爾
之社會達爾文主義。

　　然章太炎在一九零二年卻轉向斯賓塞爾的進化思想。最重
要的一個指標便對社會學之態度。章太炎在一九零二年七月有
信與梁啟超，其中自言當日所忙之事：

> 酷暑無事，日讀各種社會學書，平日有修中國通志之志，
> 至此新舊材料融合無間，興會勃發。教育會令作「教育
> 雜誌」，作新譯書局令潤色譯稿，一切謝絕，惟欲成就
> 此志。[57]

　　信上不但顯示出章氏對社會學有前所未有之興趣，而且更
進一步希望把繕修中國歷史工作與社會學聯繫在一起。其所以
重視社會學原因，更是一反在「徵信論」的看法，認為歷史是
在求通則。

> 然所貴乎通史者，固有二方面：一方以發明社會政治進
> 化衰微之原理為主，則于典志見之；一方以鼓舞民氣，
> 啟導將來為主，則亦必于紀傳見之。[58]

　　章氏對這個重大轉變，本身並未有文字留下解釋。原因是

---

[56] 〈徵信論〉，《章太炎選集》，（上海：上海人民出版社，1981），頁 131-133。
[57] 〈與梁啟超書〉，《章太炎政論選集》，冊上，頁 167。
[58] 同上註。

章氏一向堅持民族思想是所謂始於「太古原人之世」，故不願意談及其思想上的探索過程。然考之史實，章氏之變化應為個人在思想及革命上有新的體驗。在一九零二年二月，章氏為逃避清政府的緝捕，曾到日本居留半年。這是章氏一生中居住國外最長時間。在此期間，章氏大量接觸社學會書籍。根據章太炎自己透露，他除閱讀孔德，斯賓塞爾，葛通哥斯的作品外另外還有英國泰勒的《原始文化》，芬蘭人類學者韋斯特馬克的人《人類婚姻史》，日本哲學家姉崎正始的《宗教學概論》，有賀長雄的《族制進化論》。[59]另一個新體驗則是章氏與革命人物聯繫加強。章太炎雖然在一九零零年割辮變服。他的反滿仍止於言論上。到一九零二年游歷日本之半年中，不但發起「中夏亡國二百四十二年紀念會」，正式組織反滿活動，而且與革命派人物接觸，特別是結識了革命領袖孫中山。根據章氏在《訄書》留下紀錄，孫中山曾與章氏談及土地改革及革命後定都之計劃，對於土地問題，章氏仍沿傳統看法，以制訂一個公平賦稅制度為原則，按其收入多寡而定稅。但孫中山則以中國土地問題之源不在賦稅而在兼併，改善之道為平均地權。這種社會革命思想，對章氏之社會思想可能是一個新的衝擊。[60]

這時期對社會一觀念之新認識，最明顯反映出他在一九零二年翻譯日本岸本能武太之《社會學》一書。[61]岸本之《社會

---

[59]　姜義華，〈斯賓塞爾文集與章太炎文化觀的形成〉，胡偉希編，《辛亥革命與中國近代思想文化》。

[60]　〈定版籍〉，《章太炎全集》，冊3，頁273-275。章氏到辛亥革命後已改變其立場，不再同意平均地權思想，見《檢論》中之〈定版籍〉，冊3，頁568；〈相宅〉，冊3，頁305。

[61]　最近已有不少學者指出這本書之重要性，它是中國近代第一本有關社會學的書，同時社會一名詞，亦是自此而定，取代了嚴復所創「群」一詞。見湯志

學》是受美國社會心理學派學者葛通哥斯影響。葛氏之社會心理學是繼承斯賓塞爾之社會學而進一步發展。但他放棄斯氏之生物比類方法，專以心理因素作為社會形成之基礎。他認為社會組織之基礎在同類意識之存在，雖然是同類，但社會過程仍是取決於優勝劣敗之競爭。[62]因此章氏接受葛氏之心理學派，並非一些學者所認為是脫離賓氏。對於斯氏及葛氏之異同，章太炎在該譯本序言中有進一步討論，而且更有所發揮，是探討章氏這時期思想一篇重要文章。

> 社會學始萌芽，皆以物理証明，而排拒超自然說。斯賓塞爾始雜心理，援引浩穰，于玄秘淖微之地，未暇尋也。又其論議，多蹤跡成事，顧鮮為後世計。蓋其藏往則優，而闇於知來者。美人葛通哥斯之言曰：社會所始，在同類意識，倓擾于差別覺，制勝於模仿性，屬諸心理，不當以生理術語亂之。故葛氏自定其學，宗主執意，而賓旅夫物化，其于斯氏優矣。日本言斯學者，始有賀長雄，亦主斯氏，其後有岸本氏，卓而能約，實兼取斯、葛二家。其說以社會似有機，而曰非一切如有機，知人類樂群，亦言有非社會性，相與偕動，卒其祈向，以庶事進化，人得分職為候度。[63]

　　由上述章氏之序言，可以得出幾點推論：首先是社會的源起。上文曾提及章氏以為社會是源於聖人之制禮作樂。但在此，

鈞，〈章太炎的「社會學」〉，《乘桴新獲》，（江蘇：古籍出版社，1990），頁130-139。

[62] Richard Hofstadter, p. 157.

[63] 〈社會學自序〉，《章太炎政論選集》，冊上，頁170。

章氏改變其看法。他反對孔德以群為一個物理性機械組織，而認同斯賓塞爾之以心理為基礎之超自然說。章氏所謂超自然是指甚麼？文內未有明顯指出，但觀察文中意思，應是指以個體心理為基礎之有機性：亦即社會是由無數個體組成，但相互間有其不變之凝聚力。至於這種凝聚力之形成，則在歷史。章氏指出斯賓塞爾社會進化論的長處是蹤跡成事，優於藏往。換言之，斯氏之功在為社會發展創造一個歷史研究法，點明社會形成是要靠逐步進化。斯氏是否一個歷史社會學者，這是章太炎本身對斯氏的解讀。但這對章氏是重要，因為有了這種歷史進化觀，章太炎的社會源起才有著落點，才能擺脫儒家傳統之聖人說。同時由於歷史是一個自然過程，一個以民族為基礎之社會才可以在自然之過程中形成。因此章氏在文中指斯賓塞爾學說是超自然說是頗有誤導之嫌，事實上他所說是歷史的自然法。

　　其次章太炎企圖指出在一個有機的民族社會底下個體所扮演的角色。章氏認為斯賓塞爾的缺點在「匱於知來」。引用葛通哥斯學說，以社會之始在於同類意識，故應屬諸心理。這點對個體在社會起源之作用，並無異於斯賓塞爾，只是再度加強，至於所強調之民族意識之同類作用，亦與斯氏之歷史發展自然法等同，故並無新意。但章氏繼續指出個體意識之重要性，認為一切社會現象均是主觀之客觀化。章氏認為社會之發展，在於個體能發揮其主體性，故他認為社會本身是一個有機體與個體間平衡下的產物。在兩者互動底下，社會才能發展，故他讚揚岸本能武太，兼取斯，葛二氏之長，以「社會似有機，而曰非一切如有機；知人類樂群，亦言有非社會性，相與偕動。卒其祈響，以庶事進化，人得分職為侯度」。

　　個體既有一個團體的歸屬，又能發揮個人能力。這是近代自由主義的一個理想形態。但個體與個體、個體與群體的矛盾是難以避免，要平衡個體與群體間的緊張是不容易做到。章太炎是倚靠甚麼方法達成他的理想呢？章氏仍然是訴之於由斯賓塞爾所得回來之歷史概念。「固知考跡皇古，以此先心，退藏於密，乃能幹人事而進退之」。章氏認為向歷史吸取經驗，發現上文所說之社會政治進化衰微之原理，才能斡旋人事。章氏把這種個人之主體作用稱之為學理互動。「考跡皇古，謂之學勝，先心藏密，謂之理勝，然後言有與會，而非夫獨應者也」。換言之，章氏之所謂歷史之義有二，一為一個上文所說之自然進化之理，這為民族社會奠定一個自然之基礎。另一個則歷史也可以創造一個空間，在這學理交會的空間中，今人可以與古人交會，這社會便會不斷綿延擴大。

　　總括來說，斯賓塞爾給予章氏的影響是一元的自然進化觀。在這個自然的進化觀下，社會並非由聖人創造，而是由無數個體形成，這些個體是所謂自然人，再沒有章氏在原人所談之「文獷之性」，故章氏原來之文明與野蠻，聖人與凡人之差別是消失了。雖然如此，社會仍產生差別，這是歷史所造成，在社會進化過程中，個體以其創造力使社會進化，因而產生差異。但這種差異是後天而非先天造成。故章氏之一元之自然進化觀，與其原來多元看法有很大不同。

四、「以史為界」之中華民族理論

　　在接受斯賓塞爾之進化論後，章氏開始建構其民族理論，這就是以黃帝為始祖的中華民族理論。章氏以黃帝為漢族之象

徵，始見於〈原人〉一文，「余秩乎民獸，辨乎部族，故以雲門之樂聽之，一切以種類為斷」。[64]然正如上文所說，這種以血統純粹性作為分野之種族觀，在康有為的攻擊下不易站住。章太炎要回答這挑戰，必須建構一個在進化過程中一個不變的形式。本節將討論章太炎如何建構一個中華民族的實體。

章氏之中華民族理論，首見於其在一九零四年重版的《訄書》。章氏在一九零二年開始修改《訄書》原刊本，修訂本在一九零四年出版，內容不但對其在一九零零年之觀點作自我批判，而且更展露出在這時期之新觀點。就民族主義而言，章氏最重要之論述見於「序種姓」上下篇。[65]

在「序種姓」上的一開始，章太炎便承認在自然進化的過程中，由於要適應環境，民族界限本來便難以辨別。故民族實在是人為事實，而區別民族則在歷史。

> 古者民知漁獵，其次畜牧，逐水草而無封畛；重以部族戰爭，更相俘虜，屬處互效，各失其本。燥濕滄熱之異而理色變，牝牡構接之異而顱骨變，社會階級之異而風教變，號令契約之異而語言變。故今世種同者，古或異；種異者，古或同。要以有史為限斷，則謂之歷史民族，非其本始然也。[66]

在這裡，章氏很清楚表示「今世種同者，古或異；種異者，

---

[64]　〈原人〉，《章太炎全集》，冊3，頁24。

[65]　〈序種姓〉上下篇在《訄書》重刊本列為第十七及第十八篇，《訄書》頭十四篇討論重點仍在儒家思想。1914年章氏三度修訂《訄書》，改名《檢論》，始將〈序種姓〉置於篇首，分別列為第二及第三篇，於此可見章氏對民族主義看法，在1900年至1911年間仍是在探索期中，到辛亥革命以後才確立。

[66]　〈序種姓〉，《章太炎全集》，冊3，頁170。

古或同」，亦即民族間原來並沒有一定界限，強分界限是由於歷史因素。

　　章太炎之所謂歷史是指文明的出現。但這文明不再是聖人所創造之道德秩序，而是斯賓塞爾所說的自然進化之結果。章氏在尋找中華民族自然進化之道時，借用了法國漢學者拉克伯里（Laconperie）研究成果，認為中華民族並非源自本土，而是來自西方。[67]章太炎認為中國遠古歷史實際是中東歷史的一部份。伏羲氏及神農氏均是巴比倫歷史中的加爾特亞朝的統治者，而神農氏則是統一巴比倫的英雄，史稱為薩爾宮一世（Sargon I）。在神農之後有尼科黃特者，率領部眾，越昆崙山而入中土，是為中國民族之始祖—黃帝。昆崙山譯為漢語是華，故建國曰華。其旁支則入西藏。自黃帝入中國，至禹滅三苗，民始無西返之意。由於黃帝一族在文化上高於鄰近部族，故「自貴其族而鳥獸殊族者」，稱其他部族為蠻狄。但中華民族其時仍未形成一個具本土性之民族。章氏引白河次郎《支那文明史》為証，以商人仍保存中東文化，以楔形文字記事。[68]故中華民族是到周方成形，所謂至周穆王，始以黃河為祭祀對象，成為民族圖騰，而中東則升華成為民族神話的西天王母之土。

　　然而，中華民族這個外來民族卻有一個土著化的過程。根據章太炎的分析，黃帝首先奠下了民族的政治基礎。黃帝率領部族至華山附近定居，統攝諸族，成為中華民族之基礎，所謂「建國大陸之上，廣員萬里，黔首浩穰，其始故不一族。　太

---

[67]　Charlott Furth, "The Sage as Rebel: The Inner World of Chang Ping-lin," Charlott Furth ed, *The Limits of Change* (Cambridge: Harvard University Press,1976).

[68]　〈序種姓〉，《章太炎選集》，冊 3，頁 219，註釋 2。

皞以降，力政經營，并包殊族」。[69]黃帝分封其十四子，各長
一部，並「因之姓其國地，與民盟誓，合符同徽，不得異志」。
[70]成為中華民族的國家基礎。不過當時的政治組織並未能為中
華民族劃下明確界限。

> 然上世自母系廢絕，諸姓會最而為父系同盟，則邦邑、
> 種族、姓氏三者，時瞀亂弗能理。何者？大上，民各保
> 其邑落，百里之國，而種族以是為稱。其後稍有蹊隧，
> 乃更以王者之都為號……皆以京師遝言民種。近世四裔
> 或稱吾民曰漢，亦或曰唐，則邑居種族，其弗辨哉。姜，
> 姓也，遖子為氏、羌……其種族又因姓氏起云。[71]

　　根據章氏分析，自黃帝建國後，形成姓氏紛亂之原因有六：
其一為民族形成之初，便有外族參予，「推跡民族，其姓氏並
出五帝。五帝之臣庶，非斬無苗裔爾」；其二為其他部族攀附，
「當是時，史籍較略，民無譜諜，仍世相習，則人人自謂出于
帝子」；其三為外族入附，「外族亡命，常尉荐拊循之，以為己
子」；其四為其他部族氏民投奔，「五帝部落至強，攻伐所至則
摧破，以術招攜，而他族革而從之也則宜」；其五為婚姻通好，
上世同部男女旁午交會，無夫婦名。戰勝略他族，女始專屬，
得正其位號」；其六為奴隸轉成族民，「不以纍囚礬器，使服力
役，於是有廝養隸圉，則勝者常在督制系統，而敗者常在供給
系統。一部悉主，一部悉伏地為僮僕，轉相混殽」。因此民族
之政治組織雖已成立，對章氏而言，仍缺乏一個社會基礎，故

---

[69]　〈序種姓〉，《章太炎全集》，冊3，頁172。
[70]　同上註，頁178。
[71]　同上註，頁178。

姓氏變遷，仍無定法，直到周代宗法制度確立，民族之社會基礎方告穩固。

　　故在政治外，章氏又為中華民族尋找本土的社會基礎。章太炎採用社會學的成果。他認為當上古社會由母系轉為父系時，民族才出現穩定形式。「然自皇世，民未知父，獨有母系叢部。數姓集合，自本所出，率動植而為女神者，相與葆祠之，其名曰託德模〔圖騰〕，遭侮釀嘲，有以也」。[72]在這裡，章氏借用葛通古斯《社會學》，認為古代社會結構簡單，僅憑其血緣聚合，並以圖騰象徵這種血緣關係。中國舊史記載「契之子姓自玄鳦名，禹之似姓自薏苡名」，反映出夏朝以前中國仍未脫離母系社會形態。但章氏以母系社會結構不嚴密，易受欺侮，故必須有更嚴密之國家組織保護，這是父系社會出現之原因。

　　章太炎認為中國是在夏朝開始轉化為父系社會。「夏后興，母系始絕，往往以官、字、謚、邑為氏，而因生賜姓者寡。自是女子稱姓，男子稱氏，氏復遠跡其姓氏以別婚姻」。[73]但中國之社會制度，是到宗法制度在周朝出現後方告穩定。「宗法雖萌芽夏、周間，逮周始定，以適長承祀。凡宗，別子為祖，繼別者為大宗，繼高曾祖禰者為小宗。大宗百世不遷，小宗四，親盡，緦服竭，而移矣。婚姻則別以姓，宗法則別以氏」。[74]在這種宗法社會制度下，中華民族的界限似乎可以明確下來。但事實上又不然。章氏指出「戰國兵亂，官失其守」，故姓氏世繫，並不能維持，是以「自周至今，宗法顛墜」。[75]章氏認為

---

[72]　同上註，頁 171。

[73]　同上註，頁 171。

[74]　同上註，頁 180。

[75]　同上註，頁 180。

氏姓變遷不定原因有二：其一為母系社會之遺風，父系外仍兼母姓，故「舜姓兼姚、嬀，越為禹後則姓似」；其二為氏數傳以後會因環境而有所改變。其改變原因，有因「支庶別氏於大宗」，如孟孫氏之有子服，亦有因「懼禍而更氏」，如伍員屬子於齊為王孫氏。因此章太炎雖以黃帝創建國家作為中華民族之政治源起，而以宗法制度為社會基礎，如何解決社會變化仍存在困難。

要齊一政治及社會上之相異現象，章氏不得不訴之於歷史。章氏之所謂是指以《世本》為典範之歷史。《世本》是中國上古史之紀錄，起自三皇，終於夏商。相傳為春秋戰國時作品。但到五代時失佚，到清中葉，錢大昭等人復據傳集重新輯補，原來有十五篇，輯補後袛有帝系，諸候，氏姓，謚法，居及作六篇。前四篇以譜系為主，而後兩篇則記述上古國家都城所在及古代各項發明。《世本》失傳近千年而復出，清代學者一般認為司馬遷《史記》之三代世表均以《世本》為依據。甚至有以《世本》為中國史學之始。[76]「自《世本》亡而春秋之旨晦，史官之義廢。蓋以其有帝系及紀以彰五德之運，有譜及世家及傳以著治忽興廢之故，有居作姓謚法以明是非美惡之效」。[77]很明顯，清代學者並未以系譜角度看待本書，仍由傳統道德史觀視之。

章氏對《世本》在史學上的地位亦十分推崇，但其看法已大異於清代學者，不再以道德觀念作為評定歷史的標準，而是由民族角度重新評價《世本》在史學上的地位。章氏認為《世本》為中國史學開創一個新的歷史典範，透過其敘事方式及敘

---

76 陳其榮，〈世本序〉，《槐廬叢書初編》，光緒十二年刊。
77 同上註。

述內容，替中華民族界定一個特定的形式及生存的空間。換言
之，章氏以民族角度對中國傳統史學作了一個全新詮釋。

　　在形式上，章氏認為古代姓氏紛亂，《山海經》、《呂氏春
秋》及諸子各書所記各帝王及諸候世系均不可信　而姓氏之紛
亂不可考，又是民族本源及流變之紛亂，故要確定中華民族之
變化，不得不靠信史。

> 生民之紀，必貞於一統，然後妖妄塞，地天絕。故《世
> 本》〈帝繫〉、〈氏姓〉之錄，賢於《中候》、《苗興》無
> 訾程計數矣。夫整齊世繫，分北宗望，成而觀之，無瑰
> 特。察諸子所說，與著於《楚辭》、《山海經》者，後先
> 凌亂，派別撓亂，然後知此其為繩矩也。[78]

　　歷史之功用，不僅在釐清譜系，進一步可以擴大民族之空
間。章氏承認社會是不斷變動，除非該社會「令民皆州處，至
老死不相往來」，否則它的變異是無法避免。所謂「廣谷大川
異制，民生其間者異俗，剛柔、輕重、遲速異齊，五味異和，
器械異制，衣服異宜，修其政不易其俗，齊其政不易其宜」。[79]
章氏認為民族社會內部的差異是無法避免。史書則可以擔任融
合的作用，「夫同在九土，時有動靜，函其舊風，因其新俗，
雜糅以成種性」。[80]他指出在周朝本設有列國史官，但缺點是
只記述國政，不及社會風俗。故《世本》之〈居篇〉實首開其
風，祇是後來史學者不能承接，只在貨殖列傳及地理志有所發
揮，但仍未能包容新發展事物，故對「殖民之地，以逋逃罪人

---

[78]　〈尊史〉，《章太炎全集》，冊3，頁313。
[79]　同上註，頁316。
[80]　同上註，頁316。

棄之，以戎狄斥遠之」。[81]

歷史不但可以擴大一個民族社會的空間，亦可以擴大其時間領域，連繫上下數千年。章氏認為社會上所用各種器物，不可能是由一人發明，而是合無數人之參與才能成一器。「故輓近視以為一器一事者，皆數者相待以成，古者或不能給其相待，而乏已甚。雖一人之巧，什伯於倕，無益。由是揖其民力，相更為師。苟史官之無作篇，而孰以知合群之所自始乎？」[82]

章太炎「以史為斷」的民族理論，是希望透過歷史以尋找民族在進化的過程中不變的內在本質。對章太炎而言，歷史可以擔任兩個角色。首先它憑籍時間界定一個民族空間，在這空間裡，民族內各個不同族群可以互相交流，不但可以統一其差別，而且可以在知識甚至疆域上進一步發展。其次，歷史亦是一種創造的動力，章太炎指出人類的進步非一代可以完成，必需要經過無數代的努力才有新發明的出現。沒有史籍的存在，不同時間的人是無法溝通，亦更談不上發明與進步。

在這種「以史為界」的民族理論底下，章太炎是有所忽視。首先他沒有談到民族空間有沒有擴大的可能。雖然章氏提及殖民地的出現是民族的發展，但章氏完全沒有談及到在殖民地體制下，外來移民如何與當地的土著接合。換言之，章氏沒有把民族交流放在他的民族架構下。其次，民族若透過歷史形成一個群體，它有沒有給與其構成個體壓力？對章太炎來說，民族是一個歷史構成的同質性社會，其個體分子是有歷史共識，因此各個個體的自由是可以充分發揮而不會造成衝突，這是章氏的自由民族主義一個重要論據。他亦沒有考慮到民族內經濟以

---

[81]　〈尊史〉，《章太炎全集》，冊3，頁316。
[82]　同上註。

至世代等社會結構的差異性。

民族間的交流與民族內的差異是存在的。以後章太炎在其民族理論發展時，會繼續深入討論這些問題。但在一九零三年的時點中，當其《訄書》第二版出版時，章太炎認為其民族理論已解決康有為等提出來的挑戰。民族已取代過去政治以至聖人的秩序。民族在歷史的規範下，是一個同質的自由社會。個體可以在這個民族體制下發揮其創造力，中國的改革不需再依靠聖人或皇帝的領導，相反，它已成為中國前進的阻礙力。

五、儒家體制之再出發

章太炎之反滿民族主義固然是要為推翻皇帝政體，但它的衝擊力是超逾政治制度，進一步影響及中國傳統政治制度的文化基礎─儒家秩序。有學者指出章太炎是五四時代的反孔先鋒，[83]章氏的重評孔子是事實，不過這並非單單是反孔，而是要重新詮釋儒家。章太炎之工作，實際上為二十世紀中國開創一個新的文化典範。

章太炎的民族主義是受西方自由主義影響，其反滿是為了發動個人的個體意識。章氏所借用之傳統種族主義遂成為辛亥革命一個有力的符號，但反滿只是一個象徵，要自由主義落實到中國的土壤則必須有一個更踏實的空間，為開拓一個土著化的自由主義空間，章氏借重了清代的樸學。章太炎所代表的樸學與康有為代表之經世學派，在清末學術史上形成今古文之爭。今古文之爭炫惑不少學者，忽略了樸學到章太炎手中已脫胎換骨。成為二十世紀自由主義的工具。其關鍵地方則是章太炎

83　王汎森，頁 185-188。

接受了社會達爾文主義，把儒家傳統上以明道為主的經學典範轉化為以求變化的史學典範。本節是要討論章太炎如何以其進化史學的觀點重新解釋儒家。

在談章太炎之史學時，必須要談他與浙東史學及章學誠之關係。

章氏之史學觀念究竟源於何處？不少學者以為章氏之史學來自浙東學派。首先，章氏本人原籍浙江餘杭，與浙東學派有地緣上的關係。其次，浙東史學開自黃宗羲，由萬氏兄弟繼承，具有強烈反滿的民族主義色彩。三者，章學誠所提之「六經皆史也」之命題，與章太炎所言表面上十分吻合。故以章氏之史學傳統來自浙東似是順理成章之事。[84]但若進一步探討，這說法頗值商榷。首先是章太炎從未言浙東史學為其民族精神之源，據章氏一九零六年在東京留學生歡迎會上表示，他雖然自幼因讀戴名世案而滋長漢滿意識，而其民族思想則來自鄭所南及王夫之，兩者均非浙東人士。[85]對於浙東學派，章太炎在《訄書》重刻本中有以下評價：

> 然自明末有浙東之學，萬斯大、斯同兄弟，皆鄞人，師事餘姚黃宗羲，稱說禮經，雜陳漢宋，而斯同獨尊史法。其後餘姚邵晉涵，鄞全祖望繼之，尤善言明末遺事。會稽章學誠為《文史》、《校讎》諸通義，以復歆固之學，

---

[84]　Shimada Kenji, *Pioneer of the Chinese Revolution: Zhang Binglin and Confucianism*, trans. Joshua A. Fogel (Stanford, Calif.: Stanford University Press, 1990), pp. 43-76；湯志鈞，〈章學誠六經皆史命題初探〉，《中華文史論叢》，（上海：新華書店，1962），第一冊。

[85]　〈東京留學生歡迎會演說辭〉，《章太炎政論選集》，冊上，頁269。

其卓約過《史通》。而說禮者羈縻不絕。[86]

　　章太炎在此對浙東學派評價並不高。萬斯同，全祖望之史學，章氏只言其「善言明末遺事」。事實上，章太炎並不同意黃宗羲之學，在章氏自定年譜便指出在維新運動之始，即因反對黃宗羲之明夷待訪錄，與康梁在意見上發生衝突。[87]

　　章太炎既未受浙東學派影響，對另一名浙江學者章學誠，章氏又持何種態度？由上面引文觀察，章氏對章學誠是頗為尊重，但其對章學誠之學，只以禮法傳統處理之，並未以史學者處理之。一九零二年，當章氏潛心修中國通史時，他便明言章學誠非史學者。「麟家實齋，與東原最相惡，然實齋並未作史，徒為郡邑志乘，固無待高引古義」。[88]郡邑志乘是否是史學，是觀點問題，但很明顯，章氏不把章學誠列為史學而為禮法傳統，其史學是非來自浙江則是十分明顯。事實上，近人研究章學誠，已指出章學誠之《文史通義》非談史學，其主要目的仍是求道，[89]故與章太炎之史學實有差別。

　　若浙東史學非章太炎之史學源流，則章氏之史學源於何處？當章氏在一九零二年自致吳君遂信中，曾明言其史學實來自戴震：

　　　　史事前已略陳，近方草創學術志，覺定宇、東原真我師表，彼所得亦不出天然材料，而支那文明進化之跡，藉以發現……試作通史，然後知戴氏之學，彌侖萬有，即

86　〈清儒〉，《章太炎全集》，冊3，頁157。

87　見上節。

88　〈致吳君遂書〉，《章太炎政論選集》，冊上，頁172。

89　余英時，《章學誠與戴震》，（台北：華世出版社，1977），頁45-53。

> 小學一端，其用亦不專在六書七音。頃斯賓薩為社會學，
> 往往探考異言，尋其語根，造端至小，而所証明者至大。
> 何者？上世草昧，中古帝王之行事，存于傳記者已寡，
> 惟文字語言間留其痕跡，此與地中僵石為無形之二種大
> 史。中國尋審語根，誠不能繁博如歐洲，然即以禹域一
> 隅言，所得固已多矣。[90]

　　毫無疑問，章太炎仍受其小學訓練影響，以為由小可以見
大，而且是語言作為其根據。但與以後章太炎不一，此處他仍
接受考古遺物，認為語言及遺物是史書以外認識歷史兩個最重
要之根據。戴震之小學的確是章太炎史學一個重要構成，其語
言研究為章太炎史學一個重要方法，但戴震並非是史者，其小
學只是其經學一部分。正如余英時指出；戴震與章學誠同是求
道，無論史學或經學，仍只是手段而已。則歷史主義之要跳出
傳統儒家秩，似仍未能由戴震得之。

　　事實上，章氏史學上之基本架構是來自社會達爾文主義，
大異於傳統史學。其相異地方在史學之終極目標及經世態度。
中國傳統史學是為經學服務，要彰明經中之微言大義，故道德
秩序是傳統史學之終極目標。但對接受進化論之章太炎而言，
史學是個體與社會互動下，為創造未來而產生的結果，本身是
不具任何特定目標。其次，傳統史學是以經世為其實行天道的
具體表現，故著重人事及制度變遷。但章氏之史學，雖不廢歷
代政治及社會制度，但重點則在總結一個進化通則出來，作為
史學方法上之規範。這些新史學觀，都影響章氏原來對儒家的
看法。

---

[90]　〈致吳君遂書〉，《章太炎政論選集》，冊上，頁172。

　　章氏要重新解釋儒家可以從其前後兩版《訄書》的編目看出來。在其一九零零年《訄書》初刻本的編目中，章氏列「尊荀」為首篇。在文中章氏雖只強調荀子法後王的概念，作為清末維新之理論基礎，然其尊崇以荀子為代表之儒家是可以想見。其後五篇為「儒墨」，「儒道」，「儒道」，「儒法」，「儒俠」，「儒兵」，採用其師俞樾見解，對諸子採正面肯定態度。自「公言」以下至「原變」七篇，則受到西方思想影響，重新再討論宇宙秩序，當中包括討論民族思想之「原人」一篇，其受進化論影響是十分明顯。自「冥契」以下三十七篇，則為討論中國歷代制度之散論。

　　然在一九零三年《訄書》重刻本中，章氏整個架構已變。篇首之「尊荀」已為「原學」所取代。文章開宗明義，即表示「視天之蒼蒼，立學術無所因」。認為為學並非由天而來，其所天者，無疑指道統中之道德秩序。取代聖人之學則是地齊，萌俗，材性三個新因素。但章太炎以為這三個因素也只是在古代才發生作用，在宇宙進化至今日，由於科學進步，交通發達，地理因素已失去作用；同時個人材智在今日亦沒有古代的重要性，故他認為為學之根源只剩下萌俗，是以「今之為術者，多觀省社會，因其政俗而明一指」。[91]無疑章氏在這裡已明示他放棄儒家之傳統宇宙觀，轉向社會達爾文主義，以歷史社會作為人類立足之根本。

　　接〈原學〉之第二篇文章亦為新增，亦即最具爭論之〈訂孔〉一文。〈訂孔〉一文之所以受注意，因為他否定孔子聖人之地位。對清末社會而言，這是駭人聽聞，大逆不道之言論。

---

[91] 〈原學〉，《章太炎全集》，冊3，頁133。

但由今天角度看，〈訂孔〉對孔子仍給予相當高評價，它認為孔子為「古之良史也，輔以丘明而次《春秋》，料比百家，若旋機玉斗矣」。但章氏並不認為孔子之貢獻並非因其天縱神聖，而是時勢使然。

> 六藝者，道、墨所周聞，故墨子稱詩，書，春秋，多太史中秘書。女商事魏君也，衡說之以詩、書、禮、樂……異時老、墨諸公，不降志於刪定六藝，而孔氏擅其威。遭焚散復出，則關軸自持於孔氏，諸子欲走，職矣。[92]

章氏認為儒家之經典，在春秋時並非獨為儒者所有。但道、墨諸子不能成為顯學，主要原因是他們以經世作目的，不能潛心學術，而孔氏則能修理典籍，到秦火以後，成為中國學問之唯一泉源。這種否定聖人的態度，是與章太炎在轉向社會達爾文主義後的看法是一致的。

因此章氏認為孔子只是刪定六經，保存史料，並無所謂微言大義在其間。這種把六經作為文獻處理的方法，王汎森已言之甚詳。他認為章氏之新經學有三個特點：將經中近乎神話加以合理解釋，以六經為史料，去其理想地方。[93]這種以史家的態度處理六經，確是章太炎的目的。不過，章太炎要把六經文獻化是有其更深意義。他為經學建立一個新的道統，作為他所建構中華民族的文化基礎。所謂新經學道統，最初是見於其〈諸子學略說〉：

> 說經之學，所謂疏証，惟是考其典章制度與其事跡而已。

92　〈訂孔〉，《章太炎全集》，冊3，頁134。
93　王汎森，頁189-198。

> 其是非且勿論也。欲考索者，則不得不博覽傳記……其
> 用在考跡異同，而不在尋求義理……若諸子則不然，彼
> 所學者，主觀之學，要在尋求義理，不在考跡異同。既
> 立一宗，則必自堅其說，一切載籍，可以供我之用，非
> 束書不觀也。[94]

章氏認為說經以考據典章制度史事為主，非以義理為重，而諸子才是尋求義理所在。這看與傳統對經典是微言大義所在完全不同，無怪胡適在看過〈諸子學略說〉後大呼「不類經師語」。[95]但這卻與章太炎對歷史社會的看法相表裡。因為在章太炎建構的民族中，其在進化過程能維持不變形式，完全是倚賴一個客觀存在之史籍傳統，並且成為自由主義的個體意識來源。在中國，這個客觀史籍傳統便落在孔子所修訂之六經身上。

> 僕以素王修史，實與遷固不殊。惟體例為善耳。百工制
> 器。因者易而創者難。世無孔公，史法不著。尚書五家。
> 年月闊絕，周魯舊記，紛集失倫，宣尼一出而百國寶書
> 和會于左氏，邦國殊政，世系異宗，民于何居，工自誰
> 作，復著之「國語」「世本」。紛者就理，暗者得昭，遷
> 固雖材，舍是則無所法，此作者所以稱聖也。[96]

章氏對孔子與左傳，史記與漢書之關係是值得商議。但他之目的是十分明確，章氏希望用史學建立一個新傳統，作為中

---

[94]　〈諸子學略說〉，《章太炎政論選集》，冊上，頁 286。

[95]　胡頌平編，《胡適之先生年譜長編初稿，（台北：聯經出版事業公司，1984），1994 年 9 月 11 日條。

[96]　〈與人論樸學報書〉，《太炎文錄初編》，卷一。

國文明基礎。章氏之新道統不但始於孔子，而是更遠溯至殷周以前，成為以後綿延不絕的中華文化的一個開端。這便是章氏有名之「諸子出於王官論」。

　　章氏引用漢書藝文志，以為九流十家皆出於周代之司徒，羲和以至行人等周代之官守。章氏此種看法是為孔子之史學追溯源起。他認為在古代學問與政治是不分的。

> 古之學者，多出王官世卿用事之時，百姓當家，則務農
> 商畜牧，無所謂學問也。其欲學者，不得不給事官府為
> 之胥徒……是故非仕無學，非學無仕。[97]

學問不但出於官，而且是出於史官。

> 老聃為柱下史，莊子稱老聃為征藏史，道家固出于史官
> 矣。孔子禮老聃，卒以刪定六藝，而儒家亦以此萌芽。
> 墨家先有史佚，為成王師，其後墨翟亦受學于史角。陰
> 陽家者，其所掌為文史星歷之事，則《左氏》所載瞽史
> 之徒，能知天道者是也。其他雖無徵驗，而大抵出王官。
> [98]

　　章氏雖然略去法家，縱橫家等諸家，蓋以無徵驗之故，但其意思很清楚，它們亦是源出於史官。

　　章太炎之「諸子出於王官說」矛盾之甚多。首先是九流既出於王官各個職守，則各自有其傳統，是一個多元模式，但在章氏之論說中，孔子卻是老子之承傳者。因為章氏固執史學為社會命脈，且又以民族必須有一個統一之處。故孔子之史學必

須有承傳。另一個問題是孔子與諸子關係。若九流出於王官，則諸子與孔子並無一定關係。但章氏既要建構一個傳統，則諸子不能不出於孔子。在〈諸子學略說〉中，章氏並未強調孔子與他諸子傳承關係。但其後章氏之看法逐步改變。到《檢論》出版時，他已改變看法，修訂〈訂孔〉一文中原來看法，認為九流實出於孔子之後。

> 自老聃寫書徵臧，以詒孔氏，然後竹帛下庶人。六籍既定，諸書復稍出金匱石室間。民以昭蘇，不為徒役。九流自此作。世卿自此墮。朝命不擅威于肉食，國史不聚殲于故府。故直諸夏覆亡，雖無與立，而必有與斃也。不曰「賢於堯舜」，豈可得哉？[99]

　　章太炎認為九流出自孔子亦為時勢所造成。因為自春秋以後，貴族政治體系崩壞，平民政治興。而孔子適於此時設館授徒，平民學術得以興起。諸子出於王官論此後在學術界引起頗大爭執。但章太炎欲以王官之說為中國文化建立一個一元發展的文化傳統之原來用意，則隱晦不能明。[100]

　　章氏之新道統尚有第二個特色。即區別政治與學問為兩個不同範疇。在〈諸子學略說〉中，章氏認為戰國以前政教不分，

---

[99]　〈訂孔〉，《章太炎全集》，冊 3，頁 424。

[100]　胡適是最早反對章太炎此說的人，在 1917 年胡適便發表〈諸子不出于王官論〉，反駁章太炎說法。這不是一個純粹的學術問題，而是胡適要打破章太炎所建立之典範的一篇文章，為新文化運動開端。「諸子不出王官論」以後仍是爭論甚大的議題，但已變為一個純學術性討論，它的源起反而被人忽視。馮友蘭在其《中國哲學史》第四章(一) 孔子在中國歷史中之地位。馮友蘭在《中國哲學史》中，基本上是沿用章太炎之「九流出於王官」看法以評價孔子，故胡適認為該書完全是正統派之觀點。馮友蘭雖採用章氏說法，但純粹以古文學家看待章太炎，完全忽視章氏提出這命題之歷史背景。

為學必求於官。但戰國以後,「執政者起於游說氣食之徒,而
宗子降為草隸」。[101]由於平民政治的興起,學問始散入民間。
對章太炎而言,民間中學問之流變,對社會發展之影響力更大
於政治。因為民間學者要著力處,正是他在〈社會學自序〉中
指出之「考跡皇古,以此先心,退藏于密,乃能幹人事而進退
之」的工作。章太炎對學術的重視,亦可在《訄書》重刻本編
目中見到。自〈訂孔〉以下至〈通讖〉十四篇,除原來論諸子
六篇外,更增〈學變〉、〈學蠱〉、〈王學〉、〈顏學〉及〈清儒〉
五篇,並將原來在《訄書》初刻本排在後面有關學術三篇文章,
移在前面五篇之後。這八篇文章事實上是一部簡單的中國學術
史。章氏是以其新建立之進化論觀點提出批判,希望籍此明訂
過去二千年來學術流變,以重建其新儒家學統。

　　章太炎對過去儒學思想的批判重點在曲學阿世。他指出
「董仲舒以陰陽定法令……使學者人人碎義逃難,苟得利祿,
而不識遠略」。[102]當然,儒者熱中利祿並非始於董仲舒,章氏
認為自孔子以下,不少儒者均以「王佐自任」。但這種曲學阿
世最嚴重的後果則以「通經致用」為辭,使真理為現實所蒙敝。
章氏指責宋學之敝,不在程頤及朱熹,而在歐陽修及蘇軾。章
氏以程朱雖言名理,但仍「審己求是」,而歐陽修則「令專己
者不學而自高賢,自謂以文辭承統」,而蘇軾「使人跌邊而無
主,設兩可之辯,仗無窮之辭」。[103]換言之,程朱雖言理學,
但只限於修己身,故為害不大,但歐陽修則以名理壓人,而蘇
軾則以巧辯為用於世。都是使真理無法明彰。至於王陽明,章

101　〈社會通詮商兌〉,《太炎文錄初編》,別錄二,頁9。
102　〈學變〉,《章太炎全集》,頁144。
103　〈學蠱〉,《章太炎全集》,冊3,頁146。

氏亦以王陽明本無學術，其致良知之立義亦甚為簡單，徒以事功見聞於當世，故後起者皆不務習誦，「徒以濟詐，其言則祇益縵簡粗犺」。[104]

章太炎之攻擊「通經致用」，固然是針對清末今文學派之經世思想。但最主要則是要建立一個不受政府干擾的個人空間。在其〈與王鶴鳴書〉中，章氏指出：「近世翁同龢，潘祖蔭之徒不覃思，徒挶摭公羊以為奇觚金石，刻劃厚自光寵，然尚不敢言致用。康有為善傅會，媚以撥亂之說，又外竊顏李名高，海內始彬彬向風」。[105]這種經世之學，實導至政府干預學術，而士子又無不以投當世所好，有礙學術發展。「中國學術自下倡之則善，自上建之則日衰。凡朝廷所闓置，足以干祿，學之則皮傅而止，不研精窮根本，人之情也」。[106]因此章氏主張學者應擺脫政治，建立一個自主之領域，不以經世為目的。

> 學者在辨名實，知情偽。雖致用不足尚，雖無用不足卑。古之學者學為君也，今之學者學為匠也……為匠者必有規矩繩墨，模形為肖，審諦如帝，用彌天地而不求是。[107]

章氏之所謂「辨名實，知情偽」，其實是指有清一代之樸學。他認為清樸學是繼承漢學，而各有長短。清樸學「不以經術明治亂，故短於風議；不以陰陽斷人事，故長於求是」。[108]但

---

[104]　〈王學〉，《章太炎全集》，冊 3，頁 148-150。
[105]　〈與王鶴鳴書〉，《太炎文錄初編》，二，頁 5。
[106]　同上註，頁 6。
[107]　同上註，頁 5。
[108]　〈清儒〉，《章太炎全集》，冊 3，頁 158。

若由章太炎以學術應遠離政治的觀點看，則樸學是應已超過漢學無疑的。章太炎對樸學給予較高評價，亦是與他的進化史觀有關：

> 孰與斷之人道，夷六藝於古史，徒料簡事類，不曰吐言為律，則上世社會汙隆之跡，猶大略可知。以此綜貫，則可以明進化；以此裂分，則可以審因革。[109]

章太炎對中國學術的進化雖然提出批判性的看法，但對進化的過程卻語焉不詳，這因為章太炎仍在探索過程中，未建立一個全面性的解釋。但章氏則很清楚指出，中國自漢以後之學術傳統已是由政治轉到社會上。而且認為這才是社會發展的重要基礎。

假如章氏的中華民族理論為中國自由主義在政治上釐定一個有力的象徵，則章氏之新儒家學統亦為自由主義奠下文化空間。章氏認為社會進步並非源自政治，而是在學術上探明歷史變化之道。同時學術更不能由政治左右，它應該是民間自發，有其本身專業上的自主性，不一定合乎政治上的需要，此所以章氏排擊通經致用之說。在《訄書》重刻重本中，章氏嘗試為中國學術自主源流作一個史的考察，指出民間研究自漢以來已經成形，而到清則完備。當然，在章氏在辛亥以前之論點仍未成熟，有待發展。[110]但他已為中國之學術自由界定一個文化基礎。他曾為清代經學定出五個學術規範，所謂「審名實一也，重佐證二也，戒妄牽三也，守凡例四也，斷情感五也」。[111]實

109　同上註，頁 159。
110　例如對魏晉經學，章氏在辛亥以後才給予較高評價。
111　〈說林〉，《太炎文錄初編》，卷一。

際上是欲論証清代考據已在專業上具有本身之自主性。章氏這個論斷，不但為清代考據學脫胎換骨，而且為中國近代自由主義奠定一個具體的空間。考據學在清末是被認為是一個繁瑣考証的學問，與現實脫節，但章氏則把考據與史學結合，把它變為一個有血有肉，與人類社會進步息息相關的學問。對章氏而言，群經並非徵言大義而是史料，它為人類提供一個客觀世界。但這客觀世界必須由人類作解讀才發生意義，亦是社會進步之源。而章氏認為考據學派所以優勝的原因，因為考據學派一方面是有其客觀根據，不致流於今文學者之空疏；另一方面，考據學者有其獨立自主之專業領域，亦不致成為現實政治的附屬，能對社會作較長遠的貢獻。

六、結論

　　總括來說，本文要論証的有三點。首先是希望澄清歷來對章太炎的誤解，他不但是一個民族主義者，亦是一個自由主義者。歐洲十九世紀的自由民族主義是透過章太炎傳到中國。其次是重新為反滿思想在辛亥革命的角色定位。反滿思想是辛亥革命的意識形態基礎，但它雖披著與傳統種族主義的外衣，但已遠遠擺脫血緣及華夷之辨的傳統觀點，反滿思想著重的是民族群體中個體所扮演的角色，其所包涵的自由精神是能擊敗康梁的最重要原因。第三是指出自由主義在中國土著化的過程。章太炎利用其深邃的樸學訓練，為自由主義在中國文化中成功地開拓一個空間。同時章氏亦為近代中國開展一個自由民族主義的典範，其影響是超逾一般人的想像。

　　章太炎的自由民族主義典範包括政治及文化兩方面。在政

治上，章氏利用反滿思想，為中國開創一個中華民族的典範。章氏之中華民族典範最矚目是其為中國民族塑造一個源起，成功地將黃帝由一個聖人的形象改變為中華民族的始創者。但更重要是章氏改定民族的內涵。他排斥傳統的血緣及華夷觀之民族理論，一方面承認血緣在歷史過程的複雜性，另方面反對華夷觀，認定民族無論文野與否，均有其獨立性。章氏的中華民族是以歷史界定，透過史籍的整理及纂修，形成民族一個自然空間。在文化上，章太炎更利用其史學理論重新評價儒家。傳統上儒者之鑽研經典史籍，其目的在明道。但在章太炎之民族理論中，道已為民族所取代，智識分子的工作是從歷史求取變化之道，而非發現道之真理。史學取代經學，是二十世紀中國思想史一個重大轉折，而真正能為史學奠下踏實基礎則為章太炎。

　　章太炎的自由民族主義典範在一九零三年《訄書》重訂版出版時已大致成形，但並非完美無缺，其可資討論的地方有三點：首先是民族間的交流問題。民族若只是歷史的產物，則不同歷史的民族有沒有交通的可能性，在《訄書》的重訂版中章氏並沒有提及。其次是個人與民族的關係。民族與歷史既不可分，則歷史會不會對個體形成壓力，換言之，個體有沒有可能超越歷史的規限。個人與歷史的衝突以後在新文化運動中表現得最為明顯。第三是個體性的來源問題。歷史所給與是個體意識，但個體性的來源憑籍甚麼？章太炎不斷強調道德是個體的根本，但並沒有解釋個人的道德能力是來自何處。章太炎是一個深思的人，並非沒有想及這些問題。在一九零三年以後，我們可以看到章太炎的思想逐步轉向佛學，這是章氏進一步探索其民族思想的過程。

第六章
論清末學術中經學與史學的交替

　　中國史學到戊戌變法以後出現一個嶄新的局面，這是目前學術界比較共同的看法。[1]不過這個新史學的內容究竟是如何？它是傳統史學的延續，還是轉向西方史學的起點？假如它開拓了中國二十世紀新史學路徑，與日後的新文化運動史學又有何區別？有關這方面的討論目前似仍未有足夠討論。本文的基本看法是近代史學與傳統史學有重大區別，中國傳統史學與經學有密切關係，特別在清代，自顧炎武倡導「經學即理學」，隨後以經學為中心的考據學大盛，史學在清代只不過是經學的

1　近年有關近代史學著作，有許冠三，《新史學九十年》（香港：香港中文大學出版社，1986）；桂遵義、袁英光，《中國近代史學史》（江蘇古籍出版社，1989）；胡逢祥、張文建，《中國近代史學思潮與流派》（上海：華東師範大學，1991）；馬金科、洪金陵編，《中國近代史學發展敘論》（北京：中國人民大學，1994）；蔣俊，《中國史學近代化進程》（濟南：齊魯書社，1995）；張豈之編，《中國近代史學學術史》（北京：中國社會科學出版社，1996）。

附庸，而近代史學最重要的特點則是擺脫經學的枷鎖。本章是以章太炎為個案，討論近代史學由經學蛻化出來的過程。

　　所謂新史學內容，本章會由史學之敘事形式及歷史意識兩方面作探討。中國傳統史學體裁基本上是以朝代為中心，亦是梁啟超所謂「二十四史非史也，二十四姓之家譜而已」。[2]隨著西方思想的影響加深，傳統史學敘事形式遂為民族史學所取代，這亦是世界史學一個共同特徵。不過，民族史學取代傳統史學並非一蹴即至，而是有一個階段變化的過程。首先是民族內容的界定，民族是一個內涵變動性很大的概念。在清末，民族究竟是以種族為界或是以國家為界，一直是革命派與立憲派爭論中心。其次是民族在時間上的綿延性，無論有多明確的界定，任何概念都會隨時間而產生變化，一個超越時間的固定形式便成為承傳重要因素。梁啟超雖然指責二十四史是家譜，無可否認它扮演傳統史學重要敘事形式，故要創立民族史學，必須尋求有別於昔日的新敘事形式，這亦是本章要探討的第二點。

　　第三，近代世界史學強調歷史是以人為主體，故尋求主體性的所在是研究二十世紀史學重要命題。事實上反滿成為辛亥革命主要動力，主要來自於反滿所產生之自我意識，它是訴之於滿漢在歷史上的差異，故歷史意識是清末民族一個重要泉源。然歷史意識並非主體性唯一因素，西方自由主義亦是主體性重要詮釋者，所謂人類生而自由平等，亦只有在自由及平等普世價值發展底下，世界才能獲得進步。歷史主體與自由主義，兩者並非完全和衷共濟，而是有其內在矛盾，因為歷史主

2　〈新史學〉，《飲冰室文集》（台北：中華書局，1978），卷9，頁3。

體強調差異性，是排他的，而自由主體是強調同質性，放之四海而皆準，如何消解兩者內在矛盾，是本章要探討第三個問題。

　　梁啟超與章太炎是清末思想界之巨擘，梁啟超更是言論界之驕子，其〈中國史敘論〉及〈新史學〉兩文，更開啟清末新史學討論風氣。不過任公是善變的，在 1903 年他向自由主義告別後，直至新文化運動為止，他的寫作力量都集中在政治及經濟上，少談史學，因此章太炎在清末文化界更具影響力，亦是本文以章氏為中心的原因。

一、經學崩潰的過程

　　經學是以儒家經典為主之學問，亦可以說是傳統文化之核心。但經典不只是一個閱讀及理解聖人的問題，更重要是要了解經典背後所包含的宇宙法則，即所謂天道。余英時在其戴震與章學誠之研究中便指出，雖然戴震以小學作為其學問重點，但「他的一切考證工作最後都歸結到一個一貫而明確的系統中，這個系統即他所謂之『道』」。[3]甚至章學誠雖標榜「六經皆史」，要與戴震之經學別立蹊徑，但其最後之目的仍是在探求天道。[4]天道與經學之密切關係，章太炎亦在其《國故論衡》中提及：

> 古之為政者，必本於天殽以降命。命降於社之謂殽地，
> 降於祖廟之謂仁義，降於山川之謂興作，降於五祀之謂

3　余英時，《章學誠與戴震》（台北：華世出版社，1977），頁 87。
4　同上，49。

　　制度。故諸教令符號謂之經。[5]

　　章太炎在撰寫《國故論衡》時對已放棄經學之天道觀，不過從文中仍看得出章太炎對兩者關係之了解。

　　傳統的天道觀到甲午戰爭後便受到嚴復的質疑，成為中國近代思想史中一個重要轉折點。嚴復之重要性是籍著介紹西方之社會達爾文主義，破壞了中國傳統天道之普遍性。嚴復在其著名〈原強〉一文中，指出宇宙真正的普遍法則是「物競天擇，適者生存」。若不想在這進化過程中被淘汰，人類便要組織一個有效的群體，即群中之個體一方面能自由發揮個人才能，另一方面又能團結一致。嚴復所謂群，實際上是以當日西方民族國家模式為本。[6]嚴復雖提倡群學，但並未能完全掌握該觀念對傳統觀念的衝擊。因為一個橫亙在天道與個人中間的自主性群體，事實上是破壞了天人合一的完整性，挑戰傳統的世界觀。難怪王先謙極力反對群這一概念，認為群是為害整體觀念。[7]真正能發揮斯賓塞爾群體中之進化概念，並把它轉化成為近代中國文化的一部分則是章太炎。[8]

---

[5]　章太炎，《國故論衡》中，收《章氏叢書》（台北：世界書局，民國 71 年），頁 63 下。

[6]　有關近代學者對群一觀念之討論，可參考 Benjamin Schwartz，*In Search of Wealth and Power: Yen Fu and the West* (Cambridge: Harvard University Press, 1964), 43-80; Hao Chang, *Liang Ch'i-ch'ao and Intellectual Transition in China* (Cambridge: Harvard University Press, 1971), 95-120; 王汎森，《章太炎的思想》（台北：時報文化，1992），243-249。

[7]　王先謙，《葵園四種》（湖南：岳麓書社，1986），頁 12。

[8]　呂思勉曾比較章太炎、康有為、梁啟超及嚴復四人，認為嚴復學問之規模最小，這是的論。呂思勉，〈從章太炎說到康長素、梁任公〉，收入章念馳編，《章太炎生平與思想研究文選》（浙江人民出版社，1986），頁 176。

　　章太炎對於群一觀念之反應，首見於一八九七年八月。在
《經世報》〈變法箴言〉一文中，章氏接受了嚴復之社會達爾
文概念，認為群之起源，是由於「剝橈之既極，君子險哀，鳥
獸蟲娥無得遂其生，于是有民主焉，以蘇民困，以衛華夏」。[9]
換言之，群之起源是物競天擇下的自然結果。但章氏卻反對中
國模仿西方經驗，他認為西方國家之民主道路是十分曲折，無
論法國及美國，在追求民主革命的過程中，均造成兩國社會動
盪不安，血流成河，中國應以為殷鑒，採取緩進措施。這是章
氏對嚴復群體一概念之初步反應。他雖然接受嚴復之觀念，認
為群體在進化上是必要，但仍持著改革應視國情而定，不能太
急進的思想。雖然如此，群這一觀念，仍給予章氏相當刺激，
便他不得不重新檢討傳統個人與群體之關係。

　　章太炎對群體概念的思考，約可以分為兩方面。首先是重
新思考傳統中國文化所談及之群體出現過程。中國傳統文化認
為群體之出現，主要是聖人作為，很少討論及個體情況，但章
太炎在其一九零零年出版之《訄書》初刻本[10]，進一步發揮啟
蒙時期歐洲思想家所討論之人類社會起源問題，亦即盧梭所談
及之天然自由。當時章太炎的看法，認為群體是人類捐棄其自
由而成，是不得已之事，所謂「人之生，始未嘗不以釣魚閒處

9　〈變法箴言〉，《章太炎政論選集》，湯志鈞編（北京：中華書局，1977），冊
　　上，頁21。

10　《訄書》是章太炎最出版有關他對政治、社會及文化看法之綜論性作品。但
　　卻因其觀點之變化，先後有三次不同版本，第一次出版是一九零零年，在《章
　　太炎全集》中稱之為初刻本。在章氏反滿後，在一九零二年再修訂出版，稱
　　為重刻本。1914年，章太炎再作修訂，更名《檢論》，並收入《章氏叢書》。
　　有關《訄書》之出版過程，可參考湯志鈞，《章太炎年譜長編》（北京：中華
　　書局，1979）及朱維錚，〈前言〉，《章太炎全集》（上海：人民出版社，1984），
　　冊3。

持其壽，少選而用日匱，有不得已焉，故厚其六府，分其九職，出相人偶，以有無相資」。[11]由於承認有所謂先天性的自由，個體才有可能擺脫群體，這為日後章太炎主張自由民族主義奠下基礎。

其次，章氏亦討論到個體之差異性。在談及群的成立時，章氏是頗為悲觀。他指出個體雖然加入群體，本身利益仍然存在，所謂「群者，爭道也」。這些紛爭，最後不得不由一個有領導能力之人建立制度以解決之。

> 吾是以知先有市井，而後有街彈之室；其卒則立之天王、大司馬，以界域相部署，明其分際，使處群者不亂。故曰：君者，群也。[12]

章太炎認為人與人之間所以產生矛盾，原因是每個人都是不甘雌伏於他人之下，要努力表現自己，這種積極性造成社會之矛盾，也亦是人之創造能力的表現，所謂「大獨必群，群必以獨成」。[13]章太炎這種對個體自由的先天性及多元性看法，是合乎嚴復所提社會達爾文主義之宗旨，同時亦比梁啟超在維新時期對社會達爾文主義之認識來得正確。[14]

章太炎不但能掌握社會達爾文主義中多元個體意義，同時亦能理解其背後所包括之哲學上之時空概念。章太炎早期在《膏蘭室扎記》中，就利用西方天文學之理論，認為古人以「天自有氣」是不正確之說法。「斯所謂天，仍皆地氣，非自成一

11　〈明群〉，《章太炎全集》，冊3，頁51。
12　同上註。
13　〈明獨〉，同上註，冊3，頁54。
14　參考本書第四章〈從群體到民族：梁啟超民族主義的形成〉。

氣也」。[15]這個一元觀到社會達爾文主義傳入後便遭打破。在
〈公言〉一文中，章太炎便對當時流行的「公」的概念提出質
疑。他指出所謂公是相對的概念。在整個宇宙中，由於萬物所
處空間以至感覺各異，看法便完全不同。例如同是一天，由於
赤道分隔，南北半球便有白天與黑夜的差異。[16]不但是空間上
之差異造成人之差異，時間亦是人產生差異之過程。章氏認為
萬物雖然基本上都是原子構造，但在進化過中，各原質因其愛
欲去就而成為不同個體以至群體，所謂「一人之行，固以習化，
而千世之性，亦以習殊」。[17]因此在歷史之進化中，最後則成
為一個多元文化的世界。

　　章氏雖然了解到在一個進化世界中的個體以至多元文化
的特性，但他仍然擁護一個傳統文化及清朝，直到一九零零年
七月，章太炎割辮與絕，宣佈反滿後，才擺脫其原來立場。章
太炎曾解釋其在維新前後的保守政治立場原因：

> 余自戊、己違難，與尊清遊，而作〈客帝〉。飾苟且之
> 心，棄本崇教，其違於形勢遠矣……繇是而言，滿洲弗
> 逐，欲士之愛國，民之敵鑣，不可得也。浸微浸削，亦
> 終為歐美之陪隸已矣。今弗能昌言自主，而以責宣尼之
> 主祐，面欺，箸之以自劾錄。

---

[15]　姜義華，《章太炎思想研究》（上海：上海人民出版社，1985），頁93。

[16]　〈公言中〉，《章太炎全集》，冊3，頁14-15。公是當時康梁派常用之一個概
　　念。有關公之討論，可參考 I-fen Cheng, "Kung as an Ethos in Late
　　Nineteenth-Century China: the Case of Wang Hsien-ch'ien," Paul Cohen & John
　　Schrecker ed., *Reform in Nineteenth-Century China* (Cambridge: Harvard
　　University Press, 1976).

[17]　〈菌說〉，《章太炎政論選集》，冊上，頁131、138。

　　章氏認為康有為這看法是有問題的。章氏之支持清政府，主要原因是未能放棄儒家之世界觀。章氏雖然承認個體有其先天自由性，同時儒家文化亦非普遍原則，只是世界文化其中之一。但章氏仍強調儒家文化是中國合「群」之核心，孔丘所諦造之無鬼神及胤嗣觀念是中國文化基礎，無它則不成群。而儒家文化之延續，則是由以皇帝為中心之歷代政治制度所支撐，成為「使人民致死以禦外侮」之重要基礎。直到義和團之亂後，章太炎認為中國之改革，光倚賴傳統已不能成事，才在其自劾文中自責「今弗能昌言自主，而以責宣尼之主祐」。因此防礙章氏走向革命並非康有為，而是其對傳統文化的認識。由於政治上之劇變，才促使章氏反滿，亦是章氏擺脫經學，建立新史學傳統的契機。[18]

二、經學與史學的交替

　　章太炎在清末走向反滿的道路，是由於其認為傳統儒者之世界觀已無法給予個體主體動力，因此必須擺脫個體之倚賴性，中國才有改革希望。但章太炎是一個思想家，並非革命實行者，在其揭出反清旗幟後，章氏所面臨的困難不是革命的實行，而是如何在一個變動不居的世界中，建立一個有具不變本質的群體。這個群體一方面可以不斷適應外在世界的變化，又能給予個體一個自由發展的空間。在一九零零年以後摸索的過中，章太炎逐步轉向歷史尋求一個滿意的答案。

---

[18]　有關章太炎反滿過程，參考本書第五章〈歷史文化的追尋：章太炎民族主義的形成〉。

　　當然，章太炎對傳統史學並不陌生。作為一個舊式知識分子，章太炎很早便接觸中國史學，據其自訂年譜所記，章氏是十七歲開始讀四史，其後在一八九零年時廿三歲從俞樾讀書，開始讀《通典》，並且「循誦凡七八過」。這些史學書籍，亦成為章氏與康有為一派相爭之原因。章太炎在其自定年譜記述維年時期，認為其與康氏相爭之論點，「持論不出《通典》、《通考》、《資治通鑑》」，這些都似乎表似章氏深受史學影響。雖然如此，章氏當時對歷史之認識，仍未超越傳統看法，歷史只是經學附庸。章氏日後回憶，亦自言當日「雖精治通典，以所錄議禮之文為至，然未能學也」。[19]章氏之史觀仍停滯在傳統範疇的另一個明証是他的《春秋左氏傳》研究。章太炎自一八九一開始從俞樾治《左傳》，在一八九六年完成其《春秋左傳讀》，這是章氏從俞樾學後所作之扎記，前後共花了六年時間，有雜記九百多條，分為九卷，有五十萬言。但章氏對《左氏春秋》之看法，亦停留在小學之階段，章氏在其年譜亦言「作《左傳讀》。余始治，獨求通訓故，知典禮而已，及從俞先生游，轉益精審，然終未窺大體」。[20]

　　章太炎對歷史有新看法，見於其在一九零二年七月給梁啟超信，其中言修中國通史是當日工作重心：「酷暑無事，日讀各種社會學書，平日有修中國通志之志，至此新舊材料融合無間，興會勃發」。[21]在同月廿九日致吳君遂信中亦言「史事將舉，姑先尋理舊籍，仰梁以思，所得漸多」，他更批評司馬遷、班固，鄭樵等人之作品不能掌握歷史全貌，認為「吾儕高掌遠

---

[19]　《章太炎先生自定年譜》（上海：上海書店，1986），三十五歲條。

[20]　《自定年譜》，二十九歲條。

[21]　〈與梁啟超書〉，《章太炎政論選集》，冊上，頁167。

蹤，寧知無所隕越，然意所儲積，則自以為高過五家矣」。[22]章太炎曾在給梁啟超信中列出中國通史的綱目，但結果並未有完成。但在一九零二年出版之《訄書》重訂本，則反映出章氏對歷史的新看法。

　　一九零二年出版之《訄書》重訂本，它的重點並非是談史學，從其安排次序來看，章氏的目的是重新檢討自儒家以下之中國文化(由〈原學〉第一至〈通讖〉第十五)，其次為談中國民族之形成（〈原人〉第十六到〈族制〉第二十），以後便頗為沓雜，其所論題目，包括社會文化（〈民數〉第二十一到〈述圖〉第二十六），政治哲理（〈公言〉第二十七到〈冥契〉第三十），具體政治建議（〈通法〉第卅一到〈消極〉第五十五），有關歷史則是放到差不多最後，即〈尊史〉第五十六到〈哀清史〉第五十九，並在哀清史附有〈中國通史略例〉及〈中國通史目錄〉。因此章氏在《訄書》重訂本的重點中國文化─特別是儒家文化，與及中國民族之形成過程，似非史學。不過值得注意是，章氏雖然未明舉出史學，但全書之理論架構卻是以歷史變遷為基礎，表示他是接受社會達爾文理論，要尋求中國在過去到現在之歷史上之變化，而且希望找出進化通則，這是他在一九零二、三年間自詡在「發明社會政治進化衰微之原理」的緣故。[23]

　　章氏所追尋之歷史原則有民族承傳及文化兩方面。在民族承傳方面，章氏希望能尋找中華民族的源頭及其承傳。章氏在一九零零年〈原人〉一曾指出軒轅氏是漢族之始祖，但黃帝如何能成為漢民族之始祖，與及民族之承傳經過，章氏則語焉不

---

[22]　〈致吳君遂〉，《章太炎政論選集》，冊上，頁165。
[23]　〈致梁啟超書〉，《章太炎政論選集》，冊上，頁167。

詳。此亦由於章氏當時仍未決意反滿。章氏之詳細描繪中華民
族源起及承傳，則是在一九零三年出版之《訄書重刻本》之〈序
種姓〉上下篇中。[24]不過更重要之一點是，章氏把民族承傳之
責任，放在史學之創作上。章太炎十分推崇《世本》一書，認
為它在民族承傳上扮演一個十分重要之角色。章氏認為它為中
國史學開創一個新的歷史典範，透過其敘事方式及敘述內容，
替中國民族界定一個特定的時間形式。章氏認為古代姓氏紛
亂，《山海經》、《呂氏春秋》及諸子各書所記各帝王及諸候世
系均不可信。而姓氏之紛亂不可考，又使民族本源及變化無法
追尋，故要確定中華民族之變化，不得不靠《世本》。

> 生民之紀，必貞於一統，然後妖妄塞，地天絕。故《世
> 本》〈帝繫〉、〈氏姓〉之錄，賢於《中候》、《苗興》無
> 眥程計數矣。夫整齊世繫，分北宗望，成而觀之，無瑰
> 特。察諸子所說，與著於《楚辭》、《山海經》者，後先
> 凌亂，派別撓亂，然後知此其為繩矩也。[25]

　　章氏對牒譜之功用，似有誇大之嫌。事實上，康有為在與
章太炎論戰時便指出中國自戰國以後，種族混雜，要真正釐清
種族上之承傳並不容易。[26]這點章氏亦了解到，故他亦指出《世
本》以後，以姓氏為記之史書，只魏收之〈官氏〉，但魏收有
關鮮卑族之資料，唐以後雖有氏族志，但以門第為主，與種族

24　詳見本書第五章〈歷史文化的追尋：章太炎民族主義的形成〉。
25　〈尊史〉，《章太炎全集》，冊3，頁313。
26　康有為，〈辨革命書〉，《辛亥革命前十年間時論選集》（北京：三聯書店，1978），
　　第一卷上，頁213。

無關。[27]因此中國歷代史學，實未有作出一個以血緣為主之承傳。章氏晚年在其國學演講中，雖承認為譜牒為史學形式之一種，亦並未把它當作主流。因此章氏對歷史法則之追究，重點是放在文化方面。

在文化方面，章太炎強調文化之發展基礎在社會。在《訄書》重訂本之第一篇文章是〈原學〉，章氏在裡面指出傳統上以學術之源流有三，即地齊、政俗、材性。但在現代世界中，

> 九隅既達，民得以游觀會同，斯地齊微矣。材性者，率特異不過一二人，其神智茍上闖青天，違其時則與人不宜。故古者有三因，而今之為術者，多觀省社會，因其政俗，而明一指。[28]

換言之，社會之基本結構，才是歷史發展之動力，而非地理或個人因素。而章氏所尋求則是中國社會之基本原理。

章太炎認為中國社會之基本原理，仍是起源於孔子。而孔子對中國之貢獻，不是其教訓道理，而是為中國開啟一個史學傳統。這看法見於《訄書》重刻本之第二篇〈訂孔〉。〈訂孔〉一文，向為觸目，因為它否定孔子聖人的地位。平心而論，〈訂孔〉一文對孔子之評價仍不壞，章太炎之議論孔子是後來之事，與〈訂孔〉一文不能混為一談。在文內，章太炎認為孔子為「古之良史也，輔以丘明而次《春秋》，料比百家，若旋機玉斗矣」。因此章氏認為在中國史學上是十分重要，不過章氏不認為孔子之貢獻是因其天縱神聖，而是時勢使然：

27　〈尊史〉，《章太炎全集》，冊 3，頁 315。
28　〈原學〉，《章太炎全集》，冊 3，頁 133-134。

> 六藝者，道、墨所周聞，故墨子稱詩、書、春秋，多太
> 史中秘書。女商事魏君也。衡說之以詩、書、禮、樂……
> 異時老、墨諸公，不降志於刪定六藝，而孔氏擅其威。
> 遭焚散復出，則關軸自持於孔氏，諸子欲走，職矣。[29]

　　章氏認為儒家之經典，在春秋時並非獨為儒者所有。但道、墨諸子不能成為顯學，主要原因是他們以經世作目的，不能潛心學術，而孔氏則能修理典籍，到秦火以後，成為中國學問之唯一泉源。這種對聖人的否定態度，一反他在維新時期以聖人為群體組成之基礎看法。

　　因此章氏認為孔子只是刪定六經，保存史料，並無所謂微言大義在其間。這種把六經作為文獻處理的方法，王汎森已言之甚詳。他認為章氏之新經學有三個特點：將經中近乎神話故事加以合理解釋，以六經為史料之一種，消去經學中理想地方。[30]這種以史家的態度處理六經，確是章太炎的目的。不過，章太炎要把六經文獻化是有其更深意義。他要為中國社會建立一個新的承傳，作為他所建構中華民族的文化基礎。這種新承傳的解釋，最初是見於其〈諸子學略說〉：

> 說經之學，所謂疏証，惟是考其典章制度與其事跡而已。
> 其是非且勿論也。欲考索者，則不得不博覽傳記……其
> 用在考跡異同，而不在尋求義……若諸子則不然，彼所
> 學者，主觀之學，要在尋求義理，不在考跡異同。既立
> 一宗，則必自堅其說，一切載籍，可以供我之用，非束

---

[29]　〈訂孔〉，《章太炎全集》，冊3，頁134。
[30]　王汎森，頁189-198。

書不觀也。[31]

　　章氏認為說經以考據典章制度史事為主，非以義理為重，而諸子才是尋求義理所在，這看與傳統對經典是微言大義所在的看法完全不同，無怪胡適在看過〈諸子學略說〉後大呼「不類經師語」。[32]但這卻與章太炎對歷史社會的看法相表裡。因為在章太炎建構的社會群體中，其在進化過程能維持不變形式，完全是倚賴一個客觀存在之史籍傳統。在中國，這個客觀史籍傳統便落在孔子所修訂之六經身上。

> 僕以素王修史，實與遷固不殊，惟體例為善耳。百工制器，因者易而創者難。世無孔公，史法不著。尚書五家，年月闕絕，周魯舊記，紛集失倫，宣尼一出而百國寶書和會于左氏，邦國殊政，世系異宗，民于何居，工自誰作，復著之《國語》《世本》。紛者就理，暗者得昭，遷固雖材，舍是則無所法，此作者所以稱聖也。[33]

　　章太炎這個新史學論述，不但為中國社會變遷找出一個承傳之根據，而且也為清中葉以來奄奄一息考據學注入新的生命。因為史籍之存在是以文字為主，是社會上之變遷，是可以名物之考証而得到。章氏以城市出現為例：

> 堯使禹作宮，高元作室。始即為宮者，直有垣墉，及高元乃備其棟宇。鯀作城郭，祝融作市，伯夷作井。五物

---

[31]　〈諸子學略說〉，《章太炎政論選集》，冊上，頁 286。

[32]　胡頌平編，《胡適之先生年譜長編初稿》（台北：聯經出版事業公司，1984），1914 年 9 月 11 日條。

[33]　〈與人論樸學報書〉，《太炎文錄初編》，卷一。

　　咸具，而後居處邑里備也。[34]

　　因此從宮、室、城、市等文字上之考証，可以了解中國社會變遷之道及其源流。因此章氏認為，「如左氏作篇之學，乃足以遠監宙合，存雄獨照，不言金火之相革，而文化進退已明昭矣」。[35]史學不但是追源溯流，而且亦是進步之基礎，章氏認為人類發明有三種方式，其一是形範改良，即由原有者進一步發展。其次為光復舊物，即歷史久遠煙沒，重被發現。其三為眇與他會，即不同歷史交流而產生。[36]由章太炎之立場看，這三者都可以由文字考証來達成。

　　清代考據本來是以通經為主，但在章太炎之新史學理論底下，卻成為瞭解社會變化的方法。正如章氏所言，「探考異言，尋其語根，造端至小，而所証明者至大，[37]小學由一個傳統學問轉化成為一個近代學問，難怪章太炎自負地說：「上天以國粹付予……豈直抱殘守闕而已，又將官其財物，恢明而光大之」。[38]章氏之志，並非單單繼承清代考據之學，而是要創新發明之。

　　事實上文字成為社會史材料並未能完全滿足章太炎之企圖，章太炎追尋歷史的最終目的是要透過它結合當今社會，特別是打造一個民族社會才是重點。1904 年章氏因蘇報案入獄，獄中兩年白給予他反思機會，建立理論架構。1906 年章氏由上海到東京，逐展開他的理論。章氏以清代音韻為基礎，

34　〈尊史〉，《章太炎全集》，冊 3，頁 318。

35　同上註，頁 320。

36　同上註，頁 319。

37　〈致吳君遂書〉，《章太炎政論選集》，冊上，頁 172。

38　〈癸卯獄中自記〉，《太炎文錄初編》，卷一，頁 101a。

結合西方語言學，創造一套語言歷史敘事學，說明中國民族開展過程及法則；同時亦研究語言生成經緯，利用佛學作為架構，展開一套名相分析的哲學，下文會就此兩方面分別闡述。

三、小學：一個新的歷史敘述形式

　　章太炎與中國現代語言學文字有十分密切關係，有人認為他是中國現代中國語言學之始創者，因為傳統研究文字語言是小學，而小學只是經學之附庸，直到章太炎才把語言文字當作一門獨立學問看待，而且提出一些理論課題，「擺脫了舊小學綜合的文獻釋讀術和實用的字詞考據的狹隘性」。[39] 上述對章氏之文字語言學之看法，多從專業角度討論，很少會談及章太炎之小學是建立在那一個歷史背景上，更未能提及促使他作突破的歷史因素，這些問題是本節要探討之重點。略而言之，章氏在語言文字學的突破點有二，首先是他突出語言在文字上之地位，並以此作為中國文字發展基礎；其次是他把文字與生活拉近，為文字、語言與社會建立一個橋樑，成為五四時期之白話文運動奠定基礎。

　　事實上清代學者已開始留意語言與文字的關係，其起源是由於宋人不了解古人音讀不同，常以今音讀經，因而產生不協韻現象。宋人為求協韻，便主張古代是一字多音，以方便其讀經。明末開始有人提出今古音不同理論，認為要了解原經，必需找出古音，這是古音學之源起。顧炎武《音學五書》出現之後，江永、戴震等均陸續將古韻的研究發展得更仔細。亦由於對古韻的研究，清代學發展出一套「因聲求義」的理論。所謂

39　陸宗達、王寧，《訓詁與訓詁學》（太原：山西教育出版社，1994），頁 329。

「因聲求義」，是強調字義與聲音有關，其中最重要便是段玉裁之《說文解字》研究，特別附在書後之《六書音韻表》。段氏之重要貢獻有二，他指出聲音在說文之重要，在其〈古十七部階聲表〉便指出聲音是中國文字發展之重要線索，「六書之有諧聲，文字之所以日滋也」。[40]其次為說明《說文解字》所載只是本義，但由於文字不斷發展，以後有所謂引申義及假借義。[41]到朱駿聲的《說文通訓定聲》，更進一步放棄許慎以形為主的做法，把五百四十個部首拆散了，捨形取聲，以聲符作標準，把《說文》文字歸納為十八部，目的是「以著文字聲音之源」。[42]清代學者研究文字與聲音關係雖有突破，但重點在探討古代音韻，瞭解經典，無意為中國語言文字創造一套理論，章太炎則追究語言與文字關係，甚至以語言作為文字之基礎。

　　章氏對文字語言之認識不止來自清代小學，更重要是受西方影響。在一九零零年，章氏便留意到西方強調語言與文字之不可分關係。在《訄書初刻本》〈訂文〉篇便指出斯賓塞爾之語言學觀點，「有語言然後有文字，文字與繪圖，故非二有也」。[43]雖然如此，章氏仍強調文字是先於語言，本身是獨立發展。章氏認為文字出現與政治有關，古時候政教不分，故政治中心即是宗教中心，人民常將重要大事繪於宮室牆壁之上，最後圖畫過繁，代以象形文字，又由象形發展為字母，因此文字在其

---

[40]　濮之珍，《中國語言學史》（台北：書林，1990），頁 386。
[41]　同上註，頁 430。
[42]　王力，《中國語言學史》，頁 148。
[43]　〈訂文〉，《章太炎全集》，冊 3，頁 45。

起源時便具有宗教神聖性。[44]由於章太炎仍重視文字，故其對當時中國語言文字改革方案，仍由字形及字義入手，由字之組合，字之使用，作為文字改革之本，[45]與語言完全不生關係。

　　章太炎改變其對文字與語言關係看法，是在其一九零二年訪日之旅中，再度接觸西方文化，對語言學看法開始有一百八十度轉變。一九零二年章太炎在《新民叢報》發表〈文學說例〉一文，[46]認為文字在初創階段，雖以象形、形聲、指事、會意組成本義，但在進化過程中，大部分之文字均是假借及引申，與原來之實物已有距離，故文字基本上只是一個象徵符號，所謂「有形者，已不能物為其號，而多以一言概括；在無形者，更不得不假借以為表象」。[47]因此文中引用日人姊崎正治之《病理宗教學》，認為進化結果，是病態出現之原因，這種病態是無可避免：

　　　　凡有生活以上，其所以生活之機能，即病態之所從起。
　　　　故凡表象主義之病質，不獨宗教為然，即人間之精神現
　　　　象、社會現象，其生命必與病質俱存。[48]

　　章氏這篇文章表達了兩個新看法，首先是強調文字只一種符號，它沒有清代考據學者主張文字所具有之真實性，換言之，文字神聖性已經失去，以經典為依據的傳統史學受到質疑。其次為文字之出現及變化，與現實生活是息息相關。但問

44　同上註。
45　〈正名略例〉，《章太炎全集》，冊 3，頁 47-50。
46　〈文學說例〉，《新民叢報》，1902 年第 5、9、15 號。該文後與《訄書初刻本》中之〈正名略例〉合併，經修正後成為《訄書重刻本》中之〈正名雜義〉。
47　〈文學說例〉，《新民叢報》，1902 年第 5 號，頁 76。
48　同上註。

題是關連性如何產生？因為正如上文所述，字形及字義均不可靠，所謂字形，只是一個脫離實際的符號，而字義則隨歷史流轉有不同含義，章氏不得不考慮語言與文字之關係。他利用清代聲韻學之成果，主張文字之進化繁衍，是以語言作基礎。因此在〈正名雜義〉中，章氏開始強調聲音之重要，所謂「六書之從形聲，十固七八」。[49]他認為中國文字難以整理，原因是與語言完全脫節，因此「抽諷《廣韻》，則二百六者勿能辨也。其能辨者，而九服又各異其斂侈也」。[50]不但古今脫節，文字同時又因各地之方言而大異，因此造成「音不弔當，彼是不明，人各相非，孰為雅言」。章氏認為造成文字混亂原因是聲音失當，特別是古代聲學只重聲不重韻，故章氏建議「以字韻首為綱，上、去附於平聲，加之點識，以示區別，所識不過百名。而切字既有定矣，雖咳笑毊音之子，便無歧聲，布於一國，若鄉邑相通可也」。此時章太炎所提方案只談及用聲音重整各地方言，仍未談及聲音如何貫通中國古今文化。

　　章太炎正式將其音韻學發展成為一套語言理論，是在其出獄東渡日本之後，章氏亦曾自言在東京「諸生適請講說許書，余於段、桂、嚴、王未能滿志，因繙閱大徐本十數過，的然見文字本原。[51]章太炎所指諸生大概是指周樹人、周作人兄弟等人要求章太炎開講《說文解字》。[52]而章氏所謂「的然見文字本原」，則反映於他在《國粹學報》發表〈諸子學略說〉、〈文

49　〈正名雜義〉，《章太炎全集》，冊 3，頁 210。

50　同上註，頁 211。

51　〈菿漢微言〉，《章氏叢書》，頁 73a。

52　陳平原等編，《追憶章太炎》(北京：中國電視廣播出版社，1997)，頁 264。

學論略〉、〈論語言文字之學〉三篇文章。[53]〈諸子學略說〉前
文曾引用過,強調以典籍為社會文化之根本,不過這根本又建
立在語言文字學之上,因此在〈論語言文字之學〉中章氏所強
調:「小學者,非通經之學,而為一切學問之單位之學」。[54]其
理由為不明小學,則無法明文字源流,即無法運用文字。章氏
認為宋以後所謂文學家均不甚通,因他們無法掌握文字變化。
「東漢六朝諸文學家,亦無不通小學者……自中唐以後,小學
漸衰……自宋以來,歐、曾、王、蘇諸家,皆於此事茫然」。[55]
而章太炎所謂小學者,又是以聲音為基礎:

> 所謂小學,其義云何,曰字之形體、音聲、訓詁而已。
> 說文所述,重在形體,其訓詁惟是本義,而於引申假借
> 則在所略……凡假借者,必其聲音相近。凡引申者,亦
> 大半從其聲音。[56]

章太炎以聲韻為主軸之小學,其重要突破有兩方面。首先
是以符號化的概念改變六書順序,以指事為六書之首。從來談
中國六書,多以象形為先,因為從文字之發展過程,與及中國
文字以形體為主的特色來看,象形是應該佔首位。[57]傳統小學

53　〈諸子學略說〉刊於《國粹學報》第 20 期(1906 年 9 月 8 日),21 期(1906
　　年 10 月 7 日);〈文學論略〉刊於《國粹學報》第 21 期(1906 年 10 月 7 日),
　　22 期(1906 年 11 月 6 日),23 期(1906 年 12 月 5 日);〈論語言文字之學〉
　　刊於《國粹學報》第 24 期(1907 年 1 月 4 日),25 期(1907 年 2 月 2 日)。
54　〈論語言文字之學〉,《國粹學報》第 24 期(1907 年 1 月 4 日),頁 2a-2b。
55　同上註,頁 1b。魯迅在日本聽章太炎講學時,對章妀把文字之學即為文學看
　　法,表示不同意,見許壽裳,〈從章先生學〉,《追憶章太炎》,頁 261-262。
56　〈論語言文字之學〉,《國粹學報》,第 24 期(1907 年 1 月 4 日),2b。
57　傳統上六書次序有三種不同排列,班固在《漢書·藝文志》中引劉歆主張是
　　象形、象事、象意、象聲、轉注、假借;鄭玄在《周禮》注引鄭眾主張是象

家以指事為首只有許慎的《說文解字》，而章太炎之看法與許慎相同，但出發點卻完全不同。許慎之以指事為首，有人認為因《說文解字》部首始於一，「指畫上而為一以象天，指畫下而為一以象地，首指事，先天地也」。[58]這說法是否許慎之原意暫且勿論，但章太炎雖尊崇《說文解字》，但對六書次序看法卻是另有見解。「六書所以始指事者，固由夷夏所同」。章氏認為指事是中外文字之共同起源方式，這種方式便是以文字是真正起源並非實物，而為符號，這是首指事之原因。章氏之所謂符號，事實上是指西方之拼音字母，但章氏認為中國卻沒有發展出拼音方法，「中土不可一用拼音，亦誠有以也。軒轅以來，經略萬里，其音不得不有楚夏，拼音之用，祇局一方」，因此章氏認為「拼音宜于小國，非大國便俗之器」。但由於中國使用漢字，卻由於語言上之變動，使文字變化過多，因此章氏認為必須由語言入手，中國文字才可以得到一個有規範之整理，所謂「古字或以音通借，隨世相沿，今之聲韻漸多偽變，由是董理小學，以韻學為候人」。[59]章太炎雖仍強調文字上之形音義三者缺一不可廢，其重心在音韻則十分清楚。因此若要了解中國文字變化源流，必須以聲韻為中軸，現代中國文字學才能成立。

　　章太炎在中國文字學第二個貢獻是建立社會與語言間的關係。換言之，要理解中國文字變化，必須理解它與社會之互

形、會意、轉注、處事、假借、諧聲；許慎在《說文解字》主張指事、象形、形聲、會意、轉注、假借。見向夏編，《說文解字敘講疏》（台北書林，1993），頁34。傅隸樸，《國學概論》（台北：中華叢書委員會，1958），頁10-11。

[58] 同上註。

[59] 〈小學略說〉，《國故論衡》，頁2b。

動關係。這個看法反映於東渡後他在《文始》、《小學答問》、《新方言》三書所建立之體系。據章氏自言,「作《文始》以明語原,次《小學答問》以見本字,述《新方言》以一萌俗」。[60]換言之,章氏希望透過其文字學之研究,探討文字語言之源起及變化,進一步希望能透過方言整理,使中國文字語言有一個系統的過去及一個整合的現在,作為中國社會的基礎。

　　章氏之文字系統,是以以說文為本定出五百一十個獨體字,以此作為中國文字之本源,所有其他字均是由這五百一十個字變化而出,變化方法分為變易及孳乳二種。所謂變易,章氏認為「音義相讎謂之變易」,而其注則云「即三王五帝之世改易殊體者」。[61]章氏之意,似是指音義相同或相近,但其後字體或有改易者。至於孳乳,則為「義自音衍謂之孳乳」,[62]即文字之意義是由聲音所產生。由於章氏認為變易是上古文字初出現時所之異體字,而到三王五帝後,字體大至穩定下來,故其注意力集中在孳乳上。而章氏之孳乳是以古音系統作為基礎,他定古韻廿三部,並作成均圖以明對轉旁轉之道理。從上述文字與語言連繫方式,章氏重新解釋六書中假借與轉注之說法,企圖制訂方言與標準語互相轉化之法則,亦即中國文字發展系統。

　　首先就轉注而言,許慎之界定為:「建類一首,同意相授,考、老是也」。不過轉注是歷來六書中爭議大的地方,其爭議主要集中在「建類一首」的「類」,究竟許慎所說之類是代表甚麼?對此大致有兩說法,一派認為類是指形體,即考、老是

60　同上註。

61　〈文始敘例〉,《國故論衡》,頁 2b。

62　同上註。

形體相近，因此造出新字，章氏稱之為同部互訓，戴震及段玉裁均主是；一派則認為類是指字義，認為轉注只是字義之運用，無關造字，章氏稱之為互訓，許慎主此一說。[63]對兩家之說，章氏均表反對。章氏認為所謂轉注，是「字之孳乳而浸多，字之未造，語言先之矣。以文字代語言，各循其聲，方語有殊，名義一也，其音或雙聲相轉，疊韻相迤，則為更制一字，此所以謂轉注也」。換言之，轉注是方言下產生之結果。因為先有各地方言，文字後至，故各方言取其音近之字以表其義，這是章太炎所言之轉注，亦即中國文字傳播後所產生之結果。

　　至於假借一義，許慎之界定是：「本無其字，依聲託事，令長是也」。傳統上對此爭議不大，而由於以聲音造字之基礎，章太炎亦同意接受，但對於假借之功能，章氏卻有不同看法，「孳乳日繁，即又為之節制，故有意相引申。音相切合者，義雖少變，則不為制一字，此所謂假借也。」[64]因此章太炎主張轉注與假借是相輔相乘，轉注是因語言借用文字，以表達同義之事，因而衍生出新字，而假借則以方言太多，衍生之字亦無窮，故假借以通用方法來節省字數。但章太炎反對無原則之通用，認為會引致文字體系之混亂，「汎稱同訓者，後人亦得名轉注，非六書之轉注也；同聲通用者，後人雖號假借，非六書之假借也」。[65]

　　章太炎對象形、指事、轉注及假借之看法，無異推翻傳統說法，重新解釋，而且事實上顛覆了中國傳統文字系統，不再以形體為基礎，聲音反而成為主軸。由於形體是一個實存基

63　傅隸樸，《國學概論》，頁 16-18。
64　「轉注假借說」，《國學概論》，頁 42a。
65　同上註，頁 41b-42a

礎，由此發展出來的音韻及訓詁都與現實空間息息相關，但聲音的紀錄卻是仰賴脫離現實世界的符號，它是一個跨越空間與時間的原則。章太炎創造此一理論是有其現實目的，就是要為中國社會尋求一個發展法則。根據章氏之理論，轉注與假借可以說體現中國社會之發展，因為當中國社會擴展時，各地自有方言，故不得不借同音字創造新字，故轉注代表國家內部之多元聲音。不過由於各地方言差異太大，中國文字會因此而繁亂，必須透過假借以整理同音字，減少使用字數。章太炎之理論是否妥當是另一問題，但他企圖由語言文字談中國歷史，並以此作為中國社會發展之基礎，其目的則十分明顯。

　　章太炎的小學理論對中國近代史學敘述形式有兩個重要貢獻。首先他為清代樸學注入新生命，成為近代研究中國歷史一個重要方法。正如前面所提及，清代小學只是經學附庸，它只是為了解經義服務。不但如此，道光以後經世之學大行其道，考據學更被視為迂腐之學。故章太炎提出其以考據為本之史學後，曾自鳴得意的回憶，「若志精微，反致陸沈，窮研訓詁，遂成無用者。余雖無脉，固足以雪斯恥」。[66]章太炎之新治史方法在民初之影響有多大，仍需進一步考查，不過在民初學術界最具影響力的北京大學，其中不少教授之治學方法受章太炎影響。最明顯的例子是顧頡剛。顧頡剛是在一九零七年開始閱讀《國粹學報》，據顧氏回憶，「在這個報裡，除了種族革命的意義外，它給予我一個清楚的提示，就是過去的中國學問界裡是有許多紛歧的派別的。」[67]雖然目前不少學者認為顧頡剛之反傳統來自康有為，但康有為所打破的三皇五帝是經學傳

---

[66]　〈菿漢微言〉，《章氏叢書》，頁 74b。

[67]　顧頡剛，〈序〉，《古史辨》（台北），冊 1，頁 13。

統，與史學無關。但我個人認為顧頡剛要反對三皇五帝以來的史學傳統，其實主要針對是章太炎所建構之歷史連續性，成為新文化運動史學一個主要論述。

其次，章太炎之小學亦為新文化運動奠定基礎，新文化運動之核心是白話文運動，其強調語言與文字上之關係是一致。事實上新文化運動兩名主要旗手—陳獨秀與胡適—在音韻文字上都有深入研究。[68]事實上，胡適在撰寫其博士論文時便曾引用過章太炎之《國故論衡》，並稱章氏為「研究古代中國哲學還健在的最重一位學者。[69]在回國後，胡適亦亟讚章太炎，認為其《國故論衡》是中國少數值得流傳之著作。因此，胡適對白話文之看法，應有受章太炎之語言文字影響。

四、佛學：追尋近代主體性

按照錢穆說法，章太炎的學問有四根支柱—小學、佛學、史學及文學，而佛學是最重要的一部分，成為章氏思想之基礎，直到其去世，章氏仍無改變其看法。[70]本節要探討便是章太炎為何信仰佛學？並試圖指出他正的目的並非宗教，而是在民族歷史建構過程中，追尋個人與歷史間的實在關係，究竟個

---

[68] 陳獨秀早年即寫過《字義類例》，1932 年被國民政府逮捕入獄後，在獄中便潛心文字學研究，到抗戰時，他亦寫過一本《小學識字教本》，要考察中國文字之字源，見 Lee Feigon, Chen Duxiu: Founder of the Chinese Communist Party（Princeton University Press, 1983），第七章；又胡在回憶年輕時之治學方法，開始便從考據及詁入手，其第一篇學術著作是〈詩三百篇言字解〉，當時胡適只十九歲，仍未出國留學，見《胡適口述自傳》（台北：傳紀文學出版社，1986），頁 123。

[69] 《胡適學術文集：中國哲學史》（北京：中華書局，1991），冊下，頁 859。

[70] 錢穆，《中國學術思想史論叢》（台北：東大，1980），冊 8，頁 348。

人是民族歷史的主體？或僅只是民族歷史的客體？章太炎的苦思，亦為中國近代歷史哲學開創一個新的領域。

佛教在戊戌時期是顯學，梁啟超便說過，「晚清所謂新學家者，殆無一不與佛學有關係。[71]因此章太炎很早便與佛學有所接觸，而且在其維新時期之文章，不時引用佛家經典及觀念。不過章太炎在當時並不欣賞佛教義，首先他覺得宗教使人逃避責任，不理世務。「吾悲夫華妙之子，恥功利為不足卻，而鶩心于教之流別……上焉者豪傑之不任，而舉宗稷之重，付之脂書突梯之徒；下焉者有志之士，又稍稍娛樂于禪學以日銷其骨鯁」，[72]此種觀點是由道德觀點出發批評佛教。其次章太炎認為宗教是缺乏科學根據，章氏認為人之生死均為自然現象，「人之所以有知者，分于父母，精蟲胚胎是也……精離則死，死則無知，其流定各質，久則合于他物，或入草木，或入胎卵，未有不化者」。[73]由於章氏堅持人生之目的在道德及以科學觀點，故排斥所有宗教，認為孔子儒家所以優勝其他宗教，是因「仲尼明于庶物，察於人倫，知天為不明，知鬼神為無，遂以此為撥本塞原之義，而萬物之情狀大著」。[74]

章太炎之轉向佛教，是在其接受社會達爾文主義之後。由於社會達爾文主義主張一個不斷進化之世界，個人在這個世界中要不斷自變以求生存，過去在傳統社會下的安定感已不再，最直接的例子當然是文化世界的轉變，過去苦學多年考據學受到衝擊，文字神聖性的喪失，世界再非真實，都使章太炎不得

---

[71]　梁啟超，《清代學術概論》（台北：水牛出版社，1971），頁 165。

[72]　〈變法箴言〉，《章太炎政論選集》，冊上，頁 18-19。

[73]　〈儒術真論〉，《章太炎政論選集》，冊上，頁 121。

[74]　同上註。

不重新思考個人與外在世界的關係。章氏曾自述其入佛經過，「及囚上海，三歲不覿，專修慈氏世親之書。此一術也，以分析名相始，以排遣名相終，從入之途，與平生樸學相似，易於契機，解此以還，乃達大乘深趣」。[75]章氏解釋相信佛學，主要因為家對名相之著重，類似樸學。章氏此言只是說出部份真相，即由樸學轉向佛學，但並非是兩者相似。清代樸學的假設前提是文字具有真實性，而佛學則是要區別名相差。事實上章氏之入佛，主要是由於文字的神聖性打破，章氏才了解到現象（名）與實在（相）存在的差距。如何從虛假的現象中尋真實世界，是章太炎在接受社會達爾文主義後一直思考問題。他在獄中曾作〈釋真〉一文，反映出章氏的困惑。在文章中，他根據《說文》所載真的字形指出真之古字形可訓為天上之單細胞，是以在上古己知「多細胞生物必有死，而單細胞生物萬古不死」，其意指所謂在進化過程中，因進化而產生之複合體是不能永久存在，真實的世界仍要追溯至萬物之本源。[76]試圖由現象追尋事物本源的想法，才是章氏轉向佛學名相分析的主要原因。

　　另一個促使章太炎進入佛學的原因則是進化的線性問題，亦即進化是否有一個放諸四海而皆準的普遍階段？在一九零二年出版之《訄書》重刻本中，章氏承認線性進化的規律。在中華民族之起源上，他認為中國民族是來自中東，與世界其他人種同一起源；在文字上，他同意世界文字之早期發展階段是一致，先有語言符號，再有文字；甚至在文學發展過程，他亦採用西方順序，先有韻文之史詩、樂詩、舞詩，然後才有散

---

[75]　〈菿漢微言〉《章氏叢書》，頁 72b。
[76]　〈章太炎釋真〉，《國粹學報》，第一年第二號（1905.3.25）。

文，章氏認為中國文學之發展亦應如西方一樣。[77]但若世界之進化是一致，則會產生先進與落後問題，亦即當前中國事事落後於西方列強，必須向其學習，這又與章太炎強調民族自主之理論不一致。因此在進化過程中，章氏遇到兩個使他十分困惑問題，首先是部分個體的特殊性與群體的普遍性能否有一個共通點？其次為進化過程中，部分會因進化時間的差異而分化，這種差異如何克服？對於上述問題，章太炎似乎可以在宗教意識找到答案。

章太炎在其早期思想亦已談及意識問題，在其一八九九年刊出的〈菌說〉一文，他便認為「空氣金鐵雖頑，亦有極微之知」。[78]他認為意識之出現，由於生物趨吉避兇，追求生存的本能所致，並不神秘。這些看法無疑是章太炎純然由自身功利立場去了解生物之基本意識，但仍可以看出社會達爾文主義的影響，即強調個體之自由性及物競天擇本質。但在一九零二年，章太炎開始由宗教角度看待意識。章太炎在《訄書》重刻本〈原教下〉指出「生民之初，必方士為政」，這種看法本無甚新奇，章太炎在《訄書》初刻本中之〈冥契〉便持此看法，而〈原教下〉便是〈冥契〉之修正版。不過在這修正版中，章太炎卻增加新的看法，即宗教崇拜亦非不好，它有符號化作用，與崇拜祖宗有同樣之社會作用，「必若責祖禰之享嘗，商旅之壽其君者，張權火於萬里之外，綴而成文字……此皆去王庭遠矣，其君寧能視聽之哉，於彼不責，於此則責之，亦見其頗」。[79]然在另一篇〈原教上〉的文章中，章太炎更由思想層

77　〈正名雜義〉，《章太炎全集》，冊 3，頁 226。

78　〈菌說〉，《章太炎全集》，冊 3，頁 131。

79　〈原教下〉，冊 3，頁 287。

面探討宗教作用。章太炎認為人類所以事鬼神，主要由於「人心不能無嗜欲祈冀，思之至於熱中，飲冰不寒，潁然正仏，若有物焉」，[80]由於人類有欲望，便不得不有幻想，幻想並非是壞事，反而是促使人類克服自我的動力，亦即是進步來源。因此世界各地雖有種種不同之信仰，若歸結其目的則一，即啟發人類動能之宗教意識。「故吾曰，羽法鬼神之容式，芴漠不思之觀念，一切皆為宗教，無宗教意識者，非人也」。[81]亦由於章太炎認為所有宗教作用均同樣，他反對宗教有所謂高下之分，他指責西方傳教士蔑視落後地區人民，認為土人不足與言宗教，只不過是傳教士根本不了解當地文化，以基督教標準來評判而已。

因此章太炎一方面認為宗教意識是人類進步的動力，另方面亦認為各地宗教雖千差萬別，其作用亦一致，在這方面是平等。章太炎極力頌揚佛教，認為優勝於儒家及斯賓塞爾，因為它們「那一流人崇拜功利，看得宗教都是漠然。但若沒有宗教，這道德必不得增進，生存競爭，專為一己」，根本無法團結一致成事。[82]

章太炎雖然在出獄東渡後強調人類宗教意識具平等性，但他仍主張一個普遍化的進化規律。因此他認為宗教是以多神教、一神教、無神教三階段次序發展。章氏認為佛教在中國一直無法發展，原因是佛教由漢魏傳入中國以後，中國一直是個多神教階段，直到近代一神教的基督教傳來，打破多神教局

---

[80]　〈原教上〉，《章太炎全集》，冊3，頁284。
[81]　〈原教上〉，《章太炎全集》，冊3，頁285。
[82]　〈東京留學生歡迎會演說辭〉，《章太炎政論選集》，冊上，頁272。

面，佛教才有發展餘地。[83]不過，若進化仍然存在，在進化過程中，隨著時間之差異，則仍會出現彼此間的差距，人類間的平等性依舊無法維持，章氏不得不進一步深入佛學，透過唯識學之真如理論，試圖建立一個更完整的哲學體系。

　　真如哲學是章太炎利用佛教法相唯識宗所創立之本體論。真如是世界的本體，它包括下面的一些特性：真如是沒有形象，不能描繪；但有實在性、普遍性及永恒性；它同時是絕對無待，獨一無二，沒有任何事物和真如互相對待；真如本身則沒有任何具體內容和差別，不變不改，不增不減，不生不滅；真如是可以認識，但不能通過實踐活動及正常思維，只能靠禪定等直覺來體會或感應。[84]因此真如在章太炎的哲學體系中是一個絕對的存在。它若要呈現到現實世界中，一定要經過八識。

　　八識是指眼、耳、鼻、舌、身、識、末那、阿賴耶。它們與真如間的關係與作用為：「人有八識，其宗曰如來藏〔=真如〕。以如來藏無所對，奄忽不自知，視若胡越，則眩有萬物。物各有其分職，是之謂阿羅耶〔=阿賴耶〕。阿羅耶者藏萬有，既分即以起末那。末那者，此言意根，意根常執阿羅耶以為我，二者若束蘆相依以立，我愛我慢由之起。意根之動謂之意識。物至而知接謂之眼、耳、鼻、舌、身、識。彼六識者，或施或受，復歸於阿羅耶。藏萬有者謂之初種，六識之所歸者謂之受熏之種」。[85]換言之，這是一個真如認識外在世界的過程。章氏強調真如雖是世界之本體，但它呈現在萬物之中則成為阿賴

83　同上註，頁 273。

84　何成軒，《章炳麟的哲學思想》（湖北人民出版社，1987），頁 163。

85　〈辨性上〉，《國故論衡》，冊下，頁 140b。

耶，阿賴耶是真如的個體表現。故真如與阿賴耶是全體與部分之關係，基本上並無不同，這是章氏萬物齊一看法之出發點。

　　然萬物之差異卻是由阿賴耶而起。阿賴耶雖等於真如，但並非如真如不生不滅，它是與外在世界接觸，故曰「其心不必現行，而其境可以常在」。[86]同時阿賴耶識藏有種子，該種子可以了解世界，故「以自識見分，緣自識中一切種子以為相分」。[87]章太炎認為阿賴耶識即康德所談之原型觀念，其已包括宇宙一切所有，故能了解世界。阿賴耶雖可了解世界，但一定要先作接觸，擔任接觸任務便是末那識。末那識是自我，它之存在是因為是阿賴耶識之對立面，所謂「二者若束蘆相依以立，我愛我慢由之起」，故自我意識是源於末那識，但若無阿賴耶識，末那識亦無法存在。末那識亦稱作意根，它接受眼、耳、鼻、舌、身、識而有具體自我，亦即有具體時間及空間概念之自我。

　　真如是章太炎由唯識學借取過來的一個世界觀，但章太炎所留意之重點並非是這個不生不滅的真如，而是唯識學中八識之緣起論。所謂緣起是指「此有則彼有、此生則彼生、此無則彼無、此滅則彼滅」的一個不斷流轉的世界。[88]由於它強調緣起，故類似社會達爾文主義中的進化不斷的世界。由於世界是流轉不斷，唯識學提出三個認識變動世界的方法，作為掌握世界本體之鑰匙。這是章太炎接受唯識學一個最重要的原因。

　　章太炎由唯識學提出三個認識本體世界的方法，即遍計所執自性、依他起自性、圓成實自性。所謂偏計所執自性是指追

---

[86]　〈建立宗教論〉，《章太炎全集》，冊4，頁403。
[87]　同上註。
[88]　印順，《唯識學探源》，收於《妙雲集》中編之三，第一章第二節。

求一個絕對存在。而其中又分為增益執與減損執兩種。所謂增
益執指要執著某一物為實存，或為自我，或為神祇，或為物質，
但章氏認為所有實存均是相對，沒有一個絕對存在。[89]所謂減
損執以為一切皆空，但章氏認為無論如何破滅，終不能使世界
停下，故如康德唯欲破除時間與空間，但亦無法消磨去因空間
存在之物，因時間存在之事。[90]因此章氏批評偏計所執性過分
主觀，「不悟其所謂有者，乃適成遍計所執之有，于非有中起
增益執，其本體則不成本體矣」。[91]

　　章太炎認為要補救遍計所執性必須了解依他起自性。依他
起自性是指主體與客體之互動關係。偏計所執自性只強調主觀
認識，忽視客體所產生之作用。章氏認為必須有一客體存在，
人之感覺才能出現，所謂「心緣境起，非現行不相續」；但外
在客體是無意義，必須要主體憑感覺給予界定，故「境依心起，
非感覺則無所存」。[92]但章太炎亦強調，主客體雖然是互相依
存，但兩者距離是無法消滅。章氏舉柏拉圖之概念為例。個體
是因概念而存在，但柏拉圖認為「一切個體之存在，非即伊跌
耶〔概念〕，亦非離伊跌耶，伊跌耶是有，而非此則為非有，
彼個體者，則兼有與非有」。[93]因此自我實為矛盾下之產物，
表現出名與實之間的差距。對章太炎而言，此種差距是無法消
滅，因為由真如演變為阿賴耶識時—即由全體變為部分時—這
種差距便出現。

---

[89]　〈建立宗教論〉，《章太炎全集》，冊4，頁406。
[90]　同上註。
[91]　〈建立宗教論〉，《章太炎全集》，冊4，頁404。
[92]　同上註，頁405。
[93]　同上註，頁407。

對章太炎來說，要達到真如境界，只能靠圓成實自性，而圓成實自性之達到，則「由阿賴耶識還滅而成。在偏計所執之名言中，即無自性；離偏計所執名言之中，即有自性」。[94]換言之，要停止一切意識流轉，才能達到所謂真如境界。停止一切意識流轉是一個十分抽象想法，章太炎在提出一個更具體方法，是透過依他起自性，所謂「太沖無象，欲求趨入，不得依賴他，逮其證得圓成，則依他亦自除」。[95]其意即指真如境界要超越主體與客體之差異，並非要破除我，而是必須了解我存在之必要，在肯定我與客體之存在後，才能達到真如，真正揚棄自我。

章太炎之要先肯定彼我對立之真如哲學，是有其現實意義。其目的是要解決在推翻清朝中的革命精神問題。即一方面強調民族自我認同，別方面要打破自我，奮身參加革命。故章太炎利用依他起自性打破我之界限，強調我之實在性及我的擴大性。是以章氏認為「大乘有斷法執，而不盡斷我執。以度脫眾生之念，即我執中一事。特不執一己為我，而以眾生為我」。[96]不過自我之無限擴大，卻模糊了彼我間界限，這個界限是透過特定之時空之歷史背景而形成。因此章氏之真如哲學不能不進一步向歷史哲學深化，特別是主體在歷史所扮演之角色。

真如哲學是要求一個普遍原則的本體，但章太炎更關心的是由真如演化出來之主體與客體之互動關動，但這種變動卻與社會達爾文主義的變化卻大為不同，成為一為反進化的歷史哲學。

---

[94]　同上註，頁 404。
[95]　同上註，頁 414。
[96]　同上註，頁 415。

　　真如體系下之變動是沒有規則，甚至可以說是妄動。這種妄動又分為兩個層次，「無自主者皆謂之動以不得已，有自主者皆謂之動無非我」，[97]所謂不得已之動是指主體與客體之間之互動是無法停止，章氏認為「緣耳知聲，緣目知形，此名之所以成也，名雖成藏於胸中，久而不渝，浮屠謂之法」。[98]換言之，外境與五識互動，則為感覺。但五識是散亂不相統合，本身並無意義，如紅色、香味、圓形等觸受並無意義，必要五識與意識互動，才能總結為概念，這是空間形成之源起。但空間只是片斷，它能有意義的連續下去則是靠意根（未那識），成為時間中之事。而時間與空間所反映之事物，在主客體之互動下是不會自動停止，「一切眾生，不名為覺，以從本來念念相續，未曾離念，故說無始無明」。[99]是以空間與時間之流轉，並無意義，只是隨緣起滅。

　　動之第二個層次卻是有意義，這個意義是由於我的出現，這是所謂「動無非我」。在空間上，章太炎指出「由我自迷，故生六事」。章氏引用佛典，認為迷與覺是一體兩面，故迷即是意識的出現，由於意識到六度空間之存在，並企圖加以說明，故曰「由此六事不相為，乃生勝解及慧」，概念因而出現。[100]不過這個空間是主觀的，章氏認為概念與意義並非一致，概念只是人所隨意附加上去，「說水為水，說火為火，尋其立名，本無所依」。因此由概念所衍生出來之類別，與真實並不吻合。既然類別各隨主觀界定，何以統一看法。章太炎認為應取其中

97　《齊物論釋》，卷6，頁42。
98　〈原名〉，《國故論衡》冊下，頁132b。
99　《齊物論釋》，卷6，頁42。
100　《齊物論釋》，卷6，頁42。

道,「但有一同,雖兼數異,且說為同。其精審者唯是同多異寡……或兼數者有之,抑亦可以稱說矣」。[101]章氏對種類,語言真實性之懷疑,與其早期看法,可說是雲泥之別。

不但空間上是主觀創造,時間亦同樣是主觀創造。若如上面所述,意識不斷流轉,無有中斷,本身是無所謂時間觀念。時間之出現,是由於這個時間流受阻,「夫斷割一期,故有始;長無本剽,則無始」。而時間開始之原因,亦是由於偶然性,「不覺心動,忽然念起,遂生有無之見」,由於有無看法出現,則歷史便成為主體意識的一部分。這種歷史時間是主觀的,章氏舉殤子及彭祖為例,殤子不追求長壽,任命運支配,對殤子來說其壽命實長,而彭祖追求生命,實覺其短。

章太炎是中國近代史學上歷史哲學少數幾位先行者。可惜學術界一直只以革命家及國學大師看待章氏,忽視他對近代學術最重要一環—史學—的貢獻。章氏在歷史哲學之貢獻,首先是接受西方之進化史學觀念,並借要此把中國傳統以經學為主體之學術界改造為史學,一個以進化為範疇之史學研很快在一九零零年後便被發展開來。另一方面,當章氏對進化論之實用性及哲學產生懷疑後,他更打破黑格爾以來之西方的世界史觀。反對一個單一的世界史模式。章氏不但主張一個多元模式的世界史,他更企圖透過佛學的研究,深入探討個體在歷史上能扮演的角色。章氏的影響是深遠的。熊十力曾記載,「余昔治船山學,頗好之,近讀餘杭章先生建立宗教論,聞三性三無性義,益進討竺墳,始知船山甚淺」。[102]事實上,近代對心性在歷史上所扮角色,章太炎是起先鋒作用的。

---

[101]　《齊物論釋》,卷6,頁26-29。
[102]　《熊十力論著集》,冊1,頁5。

第七章 國家的歷史性與自然性：
省思辛亥的民主實驗

　　辛亥革命成功，創立亞洲以至二十世紀世界中第一個民主
國，當時言必稱共和，但共和一詞意指甚麼，除了推翻帝制外，
革命成功以前似乎並沒有一個共識，亦是民國創立後引起爭論
的來源。簡而言之，辛亥革命所追求的民主，主要是代議政治、
選舉、憲法創立等各種民主機制，今天稱為自由式民主（liberal
democracy），又由於它重視國家統治機構，故又稱之為形式民
主（formal democracy）。[1]但在二十世紀中國中，諸如社會民
主（social democracy）、人民民主（people's democracy）等概
念均有相當數量的討論，自由式民主及形式民主相對受到忽視
，甚至連正式譯名亦闕如，反映出辛亥革命所帶來的民主實驗
並沒有受到足夠重視，本文是希望由從方向作一個了解。

---

[1]　Agnes Heller,"On Formal Democracy,"in John Keane,ed.,*Civil Society and the*
　　State(New York:Verso,1988), pp. 129-145.

　　辛亥革命的民主實驗為何失敗？主流史觀向來是從權力角度去了解，亦即革命派在武昌起義後忽視權力，沒有牢牢掌握，最後為袁世凱所篡奪。然革命派為何願意拱手把權力讓與袁世凱，這與他們的民主認識有何關係？向來是略而不談。同時在 1916 年以後，縱然袁世凱去世，北洋軍閥當道，有關憲法與國會的爭論並未停息，它與民初時之討論有沒有延續地方？此點亦向來為軍閥與革命對抗的論述掩蓋。總括而言，辛亥革命是中國有史以來首次民主政權的創立，然究竟在這次實驗中得到甚麼教訓，影響日後的政治改革，史學界的討論仍然不十分足夠。本文因此希望由民國建立的第一年中有關共和政制的論爭，以觀察當時的民主認識。

　　由於篇幅限制，本文將論爭集中民初有關總統制與內閣制的爭論，它是 1912 年間的熱門話題。至於爭論內容則以章士釗及戴季陶兩人之言論為核心。章士釗很早便參與革命，但其後卻遠離政治，於 1907 年赴英國留學，1911 年辛亥革命成功，章士釗便遽然返國，成為民初英國溫和政治理論重要傳播者。至於戴季陶，他原來並非革命派，1909 年日本畢業後，曾在瑞澂下面江蘇地方自治研究所任教，但受到當時革命風潮影響，其後言論日漸激進，最後為清廷追捕，不得不逃到南洋去，任孫中山小孩的中文補習老師。戴季陶從此便與孫中山結下深厚關係，雖孫中山如何影響戴氏，至今仍無具體線索，然光從戴季陶當時以天仇為筆名，便可知其急進性。戴的激進性，與章士釗的調和立場是兩個不同極端，亦反映革命左右兩派的不同路線。[2]本文是借用章士釗的民主思想來討論民主思想在民

---

[2]　章士釗近年較受觸目，《章士釗全集》在 2000 年出版，另專門研究有鄒小站，《章士釗社會政治思想研究，1903-1927》（長沙：湖南教育出版社，2001）；

初的狀況，以突顯當時問題所在。

一、章士釗對英美政制的認識

　　當辛亥革命爆發後不久，政府形式的問題便立刻出現。
1911 年 12 月 25 日孫中山回到上海，翌日革命派召開會議，
商量武昌起義後的方向，當時會議中提出問題主要有二：首先
是臨時大總統人選，會中一致選舉孫中山出任；其次則為政府
組織形式，參與會議的人有兩個不同意見，一個是孫中山主張
的美國式總統制，另一個則是宋教仁支持的法國式總統，亦即
內閣制，至於會議在最後決定採取那一個方式，似乎相當模糊，
目前史家仍有爭論。[3]然 1912 年 3 月公佈臨時約法時，明顯是
宋教仁看法取得上風，約法第 34 條表明，「臨時大總統，任命
文武官員，但任命國務員及外交大使公使，須得參議院同意」，
即由總統提名內閣國務員，經參議院同意。但 34 條只是籠統
提國務員，並未區別總理與其他閣員地位，以後仍不斷引發爭
議，然議會至上的內閣制路線是被確立下來。

　　由孫中山的總統制轉向宋教仁的內閣制，與及日後一連串
的爭議，是中國建立民主過程一個重要經驗，但其重要性向來
受到忽視。因為主流史觀認為民初共和的失敗，主要導源於袁
世凱篡奪大權，破壞革命果實。反對與不反對袁世凱的爭論，
掩蓋當時有關共和政府以至革命派內部中的真正議題。胡漢民

郭華清，《寬容與妥協：章士釗的調和論研究》（天津市：天津古籍出版社，
2004）；有關戴季陶研究較少，本文主要參考拙著 Tai Chi-t'ao's Pursuit of a
New World Order (Ph. D. diss., University of Chicago, 1993).

[3]　K. S. Liew, *Struggle for Democracy: Sung Chiao-jen and the 1911 Chinese
Revolution* (Berkeley: University of California Press, 1971), pp. 136-142.

在其自傳便曾透露當時情況：「宋（教仁）不得志於南京政府時代，然已隱然為同盟會右派之領袖，以左派常暴烈，為社會所指摘，右派則矯為穩健，以博時譽」，[4]文中突出革命陣營有所謂溫和及激進之不同政治看法，然胡漢民在自傳中仍強調其反袁立場，無法擺脫袁世凱議題。因此在 1911 年 12 月 26 日上海會議，在民初歷史中便變成擁袁及反袁之爭，而民國建立時有關總統制與內閣制兩個不同民主想像的矛盾，反而煙沒於歷史之中。[5]

　　在南京臨時政府中，支持內閣制最力的人是宋教仁，不過宋教仁是個革命實行派，他的共和國建立理論，主要來自章士釗。章士釗在辛亥前後留學英國，在《帝國日報》及《民立報》等報刊發表大量有關內閣及政黨政治文章，宋教仁把上述文章收剪輯成冊，章把章士釗不時在《帝國日報》發表文章，討論英國政治制度，宋教仁便曾把章士釗文章收集成冊，作為其政策之理論根據。[6]事實上章士釗與革命黨中的溫和派關係較為密切，他之進入《民立報》亦由當時黃興引薦，故章士釗可以說是當時革命溫和派之理論代表人物，應無疑義。[7]

---

[4]　〈自傳〉，《胡漢民先生文集》（台北：中國國民黨中央委員會黨史委員會，1978），冊 2，頁 61。

[5]　吳景濂便指出在南京參議院中，其實很少談到袁世凱，見吳景濂，〈組織南京臨時政府的親身經歷〉，《辛亥革命回憶錄》（北京：文史資料出版社，1982），冊 8，頁 410-411。

[6]　吳相湘，《宋教仁》（台北：傳記文學社，1969-71），頁 231，註 2；白吉庵，《章士釗傳》（北京：作家出版社，2004），頁 64。

[7]　章士釗是否革命派，到 1925 年胡漢民撰寫〈自傳〉，仍指責章氏非革命類，所謂「民國元年始由英歸國，慚其落伍，遂標榜無黨以自高」，這是辛亥革命左派的觀點。但章士釗在二次革命時並未依附袁世凱，並在日本擁黃興組織歐事研究會，發行《甲寅雜誌》，故雖未加入同盟會以至國民黨，然其思

章士釗之提倡內閣制，並非針對袁世凱，這點在 1912 年
2 月其在《民立報》發表之〈覆朱君德裳書〉說的十分清楚。
朱德裳來信即提及中國歷史人物「有帝王思想，無總統思想」，
因此「大總統親攬政權，總理一切，漸積所趨，即無異帝制自
為」，故反對總統制。[8]但章士釗對民主卻深具信心，認為多數
政治已成為世界共同趨勢，「無論總統專制達於何點，而欲抹
除立法一部，乃絕對的不可能」，章士釗以 1912 年初南京臨時
參議院之經驗為例，當時僅只三十多個參議員，便已制衡得政
府動彈不得，種種議案均無法通過，[9]因此袁世凱的野心並不
足慮。

在此覆信中，章士釗明確明表他反對總統制、支持內閣制
的立場，完全基於學理上的認識。他反對總統制的原因，美國
總統制「使政府弱而中央集權無由行」，原因是美國國會常掣
肘聯邦政府，最後「政府百事不可為而日流於弱」。因此中國
應採行內閣制度，內閣目的非以防總統之野心，而在救政府積
弱之勢。[10]內閣制的優點是在行政、立法兩權的互動上，內閣
制是彈性，若行政不滿意議會，可以解散重選，議會若不滿意
內閣，亦可以倒閣，因此雙方始終能維持緊密關係，有利於國
家領導權的鞏固。[11]而總統制則相反，總統四年一任，十分僵
化，「任期以內國民無如總統何」，根本無責任政治可言。[12]

想仍與革命溫和派類同。〈與黃克強相交始末〉，《辛亥革命回憶錄》（北京：
文史資料出版社，1961-62），冊 2，頁 143。

[8] 〈覆朱君德裳書〉，《章士釗全集》，冊 2，頁 34。

[9] 〈覆朱君德裳書〉，《章士釗全集》，冊 2，頁 32-33。

[10] 〈覆朱君德裳書〉，《章士釗全集》，冊 2，頁 32。

[11] 〈內閣制與聯邦制〉，《章士釗全集》，冊 2，頁 76。

[12] 同上註。

　　章士釗支持內閣此種彈性作法，是因為可以避免成文憲法的限制。章士釗非常反對成立憲法，他認為法律若有根本規範，「必至異常固定，非萬不得已，不欲使之動搖。其流弊不搖動則已，一搖動則必至不可收拾，而全國流血之事，乃至數見不鮮，此徵之法蘭西而可知矣」。[13]但若無法律規範，則內閣如何能與國會協調，章士釗認為政黨是關鍵，它可以調和立法與行政的隔閡。他又特別推崇英國之政黨制度，認為英國政黨制度成熟。法國雖行內閣制度，表面上已能建立一個強而有力的中央政府，但仍比不上英國，原因是法國「政黨之組織過劣，徒法不能以自行也」。[14]所謂組織，章士釗認為政黨最大作用有二，一為提出政策，二是透過選舉。只有提出政策，人民才能有討論焦點，而且因為政黨之看法均為相異，人民亦可以有選擇餘地，另又政黨更重要目的是贏取選舉，不從選舉取得政權，其政綱亦無由發揮。[15]總括而言，章士釗是由功能觀點看政黨，其目的是要建立一個有效國家。

　　另一個章士釗著力頗多的問題是民國建立後之中央與地方關係，在一個強而有力政府目標下，章士釗是反對地方分權，他的著眼點是美國聯邦制度，他認為聯邦制是一個權力對立架構，故行政與立法分權，中央與地方分權，不但與內閣制之集權性質有異，而且防害中央政府推動政令。[16]然武昌起義之後，省權正張，章士釗此說當然大受時人反對，章士釗為進一步推動其立場，他把集權分為立法集權及行政集權，所謂立法集權

13　同上註。

14　〈覆朱君德裳書〉，《章士釗全集》，冊2，頁32。

15　〈論政綱與運動選舉之關係〉，《章士釗全集》，冊2，頁406。

16　〈內閣制與聯邦制〉，《章士釗全集》，冊2，頁77。

是指國會萬能，如英國，「凡巴力門所通過之案，無論善惡，其效力皆彌全國，各處地方議會雖亦有立法權，而其立法權乃為國會所賦予」，[17]因此所謂統一是統一在國會之立法權底下。至於行政方面，章士釗也許是回應激進派之挑戰，[18]他反對廢省之議。章士釗認為「統一國立法統一，而行政盡有不統一者也」，因為「中央以集權之故，政務過於繁重而弊」。[19]雖然如此，章士釗對地方自治採取一個開放態度，究竟各省省長應否民選，則要視乎情勢而定，與激進派之堅持省長民選有異。[20]

二、戴季陶與章士釗間的爭議

　　與溫和派相對是激進派，他們主張總統制，反對內閣制，其中主張總統制最力是孫中山，他可以說是激進民主派的代表。孫中山之主張總統制，並非有意制衡袁世凱，其目的在建立美國式民主。孫中山對實行總統制是相當堅決，當他在 1911 年 12 月 25 日抵達上海，第二天召開同盟會最高幹部會議，[21]孫中山在會上即堅決主張實行總統制，反對內閣制。他的理由是「內閣制乃平時不使元首當政治之衝，故以總理對國會負責，斷非此非常時代所宜。吾人不能對於惟一置信推舉之人，而復設防制之之法度」。[22]在會議進行中，南京在 12 月 27 日派出

---

[17]　〈統一聯邦兩主義之真詮〉，《章士釗全集》，冊 2，頁 135。

[18]　胡漢民在〈自傳〉便特別指出，在南京時期他與宋教仁爭論點之一便是中央地方關係，他主地方分權，因為革命力量在各省，地方分權可以防止專制。《胡漢民先生文集》，冊 2，頁 71。

[19]　〈論統一制〉，《章士釗全集》，冊 2，頁 175-176。

[20]　〈集權分權之討論〉，《章士釗全集》，冊 2，頁 474。

[21]　陳錫祺主編，《孫中山年譜長編》（北京：中華書局，1991），頁 598。

[22]　〈自傳〉，《胡漢民先生文集》，冊 2，頁 61。

代表團見孫中山，提出袁世凱代表唐紹儀曾表示有意支持共和，但條件是由袁出任大總統一職。[23]因此當孫中山堅持總統制時，他已經知道袁世凱有可能出任大總統有關內閣與總統之爭，顯然無關袁世凱。

　　孫中山為何支持總統制原因為何？這與他傾倒於美國政治制度有莫大關係。當然革命派中有不少是支持美國制度，但其中孫中山最具代表性。[24]比較常引用是孫中山在道經巴黎返國時，當《巴黎日報》記者曾訪問他，提及革命成功以後計劃，孫中山便以中國「面積實較全歐為大。各省氣候不同，故人民之習慣性質亦各隨氣候為差異。似此情勢，於政治上萬不宜于中央集權，倘用北美聯邦制度實最相宜」。[25]在道經香港時，美國駐香港總領事安德生訪問孫中山，他亦表示「臨時政府實施軍政制度，但是最後的目標是要以美國的模式為基礎」。[26]

　　然孫中山之所以支持總統制，除國家環境相同外，究竟有何原因要實行總統制，向來很少人談及，原因是革命成功後，孫身為領導人，很多事情均採取低調政策，無法批評。故求之於激進民主派的看法，則不得不由戴季陶入手。

　　戴季陶與章士釗間的齟齬地方很多，不過很多流為意氣之爭，兩者間之深層矛盾反而為人忽略。例如在 1912 年 6 年間陸徵祥出任國務總理一事，兩人便因此出現嚴重爭議。事情起於袁世凱出任臨時大總統後，唐紹儀因其與北洋及革命派均具

[23]　《孫中山年譜長編》，頁 600。

[24]　見北一輝，《中國革命外史》，《北一輝著作集》（東京：みすず書房，1959），第二卷。

[25]　〈與巴黎《巴黎日報》記者的談話〉，《孫中山全集》（北京：中華書局，1981-86），卷 1，頁 562。

[26]　張忠正，《孫逸仙博士與美國》（台北：廣達文化，2004），頁 125。

深厚關係，奉命組閣。但唐紹儀內閣是混合內閣，並非政黨內閣，故當唐氏與袁世凱不合辭職時，同盟會便呼籲組織政黨內閣，以實踐民主。不過同盟會當時並非參議院的多數黨，在立憲派的共和黨及共和統一黨聯合支持下，參議院終於通過由原外交部長陸徵祥出任總理，組織內閣，內閣成員仍分別由各黨派組成。不過當參議院審查陸徵祥內閣成員時，因為陸徵祥言語不得體，結果所提六名閣員都未獲參議院通過，其至連立憲派都反對他們，雖然其後在袁世凱的操作下，透過輿論及軍警請願行動，內閣終於勉強成立，但其間已飽經風浪，不少人對參議院功能提出質疑，如名記者黃遠庸便譏笑參議員在公共壓力下改變立場，[27]章太炎甚至建議以後內閣閣員由總統通過便可。[28]

　　面對此一難局，章士釗在這問題上採取一個調和立場，從寬解釋約法第 34 條有關國務員任命之事，他認為國務員任命有集合及分配兩重意思：所謂分配是指內閣國務員單獨向國會負責，故須逐一經國會同意任命；所謂集合，是指內閣為一整體，只要國會同意總理一職，則國務員由總理選擇，自然向總理負責，與總理共進退，內閣國務員無須逐一經國會同意任命。章士釗主張，固然是希望打破國會與袁世凱對峙僵局，讓新內閣正式上路，但亦其原來反對法制規範理念配合，即內閣與國會互動是經無數現實與原則之折衷及法理上之解釋，共和體制才逐步成熟。[29]

　　但政局發展當然沒有如章士釗期待的圓順，同盟會與袁世

---

27 《中華民國史事紀要》（台北：中華民國史料中心，1971），1912 年 7 月 27 日。
28 李劍農，《中國近百年政治史》（台北：商務印書館，1962），頁 378。
29 〈黨爭中憲法問題〉，《章士釗全集》，冊 2，頁 428-430。

凱為陸徵祥內閣應否倒台仍然相峙不下，章士釗在 7 月 21 日
發表〈北京政局之大波動〉，認為政黨政治面臨崩潰危機，因
為政黨政治之必要條件是國內秩序安定，若國內陷入無政府狀
態，則政黨政治無由推動，究其原因，是當時同盟會及共和黨
外尚有不少政黨，且而政治立場不明確，在縱橫捭闔中，政局
自然不穩。[30]章士釗因此提出「毀黨造黨」策略，要求各大小
政黨互相商榷政綱後，包括同盟會在內所有政黨全部解散，再
按照政綱重新組成兩個對立政黨，中國之民主政治方有步上正
軌可能性。[31]章士釗這項提議可說是石破天驚，更引起同盟會
內部各方面的不滿意，成為章氏同年 8 月離開《民立報》之導
火線。

　　對於陸徵祥內閣與國會間的對峙，戴季陶完全歸究為袁世
凱陰謀造成。他認為袁氏「欲帝制自為久矣」，他事前已瞭解
到參議院必會反對陸徵祥，卻故意提名他出任總理，目的要激
成參議院第二次之反抗，在全國衝突下，袁將會任命段祺瑞為
第三任總理，如此兵權政權悉歸掌握，其後更仿效拿破崙，拘
禁議員，解散議院，以達成其帝制目的。[32]由戴氏對袁世凱的
攻擊，對袁世凱政策自然又成革命派內部爭議焦點，[33]但後面
所隱含的相異政黨觀便很容易被忽視。

　　假如仔細檢查戴季陶對共和政體看法，他與與章士釗並無
太大差別。例如有關約法 34 條之爭議，戴氏反對所謂集合解

30　〈北京政局之大波動〉，《章士釗全集》，冊 2，頁 426。
31　〈政黨組織案〉，冊 2，頁 414-421；〈毀黨造黨之意見〉，冊 2，頁 460-462，《章
　　士釗全集》。
32　〈嗚呼共和之前途〉，《戴季陶先生文存再續編》（台北：商務印書館，1968），
　　頁 100-101。
33　民立報社論便指責激進者日日攻擊袁世凱，無異迫袁氏為帝。

釋，不過其理由則以約法為南京參議院所定，則參議院應擁有解釋之權，戴氏認為「吾國共和制度新立，國基未固⋯⋯寧可議院專制，使法制有可改良之機，絕不能任總專制，啟後世專橫之禍」。[34]換言之，戴氏亦推崇參議地位，與章士釗國會至上看法並無二致。

在政黨政治方面，雖然章士釗之毀黨造黨說飽受攻擊，但當宋教仁於 8 月重組國民黨，戴季陶仍以兩黨政治期許，他認為「一國當改進之時，無論其為政治事實，其為學術思想，其間恒有二派，一則主張進步，一則主張保守」，因此戴氏並沒有反對兩黨政治，因為「以其小黨之流別論，雖各成一性質，然而其一國之大問題出，終不外兩途」。故戴季陶支持保守者合併為為共和黨，進步者合併為國民黨，當然戴季陶對國民黨有更大期待，認為共和黨「保守之性，已足亡中國而有餘者也。此吾所以深望進步之國民結合大政團，以勇猛精進之精神，抗委靡腐敗之國家也」。[35]然而整合小黨成為兩大黨的看法，亦與章士釗之毀黨造黨相似。

因此跳出袁世凱問題，章士釗與戴季陶在政治上看法並不存在太大差異，所有紛爭，都似乎離不開黨同伐異的因素。不過若仔細觀察，兩人雖然同樣是支持議會政治，同樣支持政黨政治，他們的出發點卻不一樣。

34　〈約法第 34 條解釋問題〉，《戴季陶先生文存再續編》（台北：商務印書館，1968），冊上，頁 103-104。

35　〈國民國家與國民黨〉，《戴季陶先生文存三續編》（台北：中國國民黨中央委員會黨史委員會，1971），頁 16-19。

三、歷史與自由的衝突

　　為何章士釗為何如此偏好內閣制？這與他的國家觀念及民主認識有密切關係。當民國建立之初，章士釗自英倫返國不久，他在 1912 年 2 月發表一篇討論「國體與政體之別」的文章，強調國家體制分為國體與政體兩個層次。所謂國體是指國家，為「統治權之所在」；所謂政體，即指政府，「領受國家之意思實施統治者也」。至於國家與政府之關係，章氏認為是「國家者立於政府之外而又超乎政府之上」。章氏認為「太初政府即為國家」，然由於身為統治者之政府不斷變動，故國家與政府漸分開，國家自成一系統。當然國家也有變動時刻，如革命出現，「從前之系統破壞無餘」，於是有憲法制定國家之新形式。但章士釗仍強調「國家造憲法者也，憲法者非造國家者也」，[36]國家仍然是一個不輕易變動的形態。因此國體之於章士釗，是個連續性、超然的實體，它甚至是超越人民之上。章士釗把這看法引伸為人民並不能擁有國家主權全部觀念，因此反對南京臨時約法第二條規定，亦即「中華民國之主權屬於國民全體」。章士釗認為此條款純粹受十八世紀盧梭人民主權說之影響，他引用黑格爾說法，以國家為「國民總意之結晶體也」，而人民只是國家其中一個元素而已。[37]這是章士釗一個頗為特別看法，亦是他與激進派站於完全對立地位的主要原因。

　　不過國體是一個抽象觀念，在民國建立之初，章士釗無意亦沒有時間深入討論。對章士釗而言，辛亥革命成功，統治權由君主轉為人民，國體問題已經解決，無須進一步深談，更重

---

[36]　〈國體與政體之別〉，《章士釗全集》，冊 2，頁 49-50。
[37]　〈約法與統治權〉，《章士釗全集》，冊 2，頁 524-525。

要如何建立統治機構，亦即創造新政體。章士釗強調只要國體屬於人民，政體其實是可以採取不同形式，所謂君主、貴族以至平民等政體無高下之別，只視其社會環境的需要。[38]故章氏認為極端共和主義者常誇大民政與君政的差歧，其實是錯誤，由政體觀之，「民主國之職務與君主國之職務毫釐不差」，都是執行政府功能。[39]他甚至引用美國政治學者柏哲士之言，認為中國當前最恰當之政體為「以平民之國家而建立貴族之政府」。[40]章士釗之極力抬高君主以至貴族政治的地位有三個原因，首先是中國民智民德仍未足夠，根據天演公例，民主必須循序漸進，中國初得民主，要馬上實行全民政治，似不可能；[41]其次是辛命成功之初，民權平等之說成為社會潮流，章士釗怕支持民主的激進派「鶩為玄想，習為放縱，以蹈法蘭西之覆轍」；[42]第三點是章士釗追求一個強而有力之政府。章士釗鑒於西方經驗，民主建立之初必然出現立法與行政兩權衝突，然在國家富強的要求底下，兩權必須互相讓步，因此代表民意的立法權絕對不能過於強勢，事實上章士釗認為西方內閣制正是此種互動所產生的結果。[43]

因此章士釗對國家的看法，是深受進化論影響，這種進化論又以歷史延續的有機體作為其特色。不過民元時國家新建，章士釗滿懷希望，故談現實層面政治較多，談國家基本理論較少，直到二次革命後，民主建國希望幻滅，不少革命黨人開始

---

[38]　〈國體與政體之別〉，《章士釗全集》，冊2，頁49-50。

[39]　〈平民政治之真詮〉，《章士釗全集》，冊2，頁83。

[40]　〈論平民政治〉，《章士釗全集》，冊2，頁54。

[41]　同上註，冊2，頁55。

[42]　〈平民政治之真詮〉，《章士釗全集》，冊2，頁84。

[43]　〈說強有力之政府〉，《章士釗全集》，冊2，頁52。

懷疑民主建國之可能性，章士釗不得不就此問題進一步說明，其國家觀才逐漸披，其中最重要文字為在 1915 年 8 月《甲寅雜誌》所發表〈國家與我〉一文。該文是回應陳獨秀之〈愛國心與自覺心〉一文，陳獨秀認為人人固然要愛國，但若國家違反正義，則愛國仍是否必要？為了回答這問題，章士釗指出國家建立之道有二，首先是根據盧梭所稱，國家是由契約所生的一個法律體系，它是人民自由意志下簽訂，故人民若不滿意，當然有權利解散這國家。[44]對於盧梭契約說，嚴復當時曾為文反駁，認為完全是盧梭虛構，因為歷史上不可能有人民自由簽訂成立國家的契約，不過章士釗卻認為有存在可能，它就是民族的成立，民族的成立使國家成為一個生命共同體，不可能解散，否則民族亦隨之而滅亡。[45]章士釗所指民族，就是章士釗之國體，它是各個個體建立國家最基本共同點，等同契約功能，亦只有在此基礎之下，國家才能緩步發展，調和各種衝突。明乎此點，才可以理解章士釗為何把君主、貴族以至民主等政體等同，因為它們都是進化階段之產物，無法超越歷史性國家之範圍以外。

　　假如說章士釗強調一個歷史性的國家體，戴季陶的國家觀可以說在另一極端，強調國家是人民自由組合體，這觀點在其討論憲法時更為突出。1909 年戴季陶在江蘇地方自治公所擔任教職，曾發表〈憲法綱要〉一文，指國家是「以人及我而成」，亦即「人之總體之謂也」，而個人之所以形成，又完全是由於

44　〈國家與我〉，《章士釗全集》，冊 3，頁 511-513。
45　〈民約平議〉，《章士釗全集》，冊 3，頁 23-24。有關嚴復與章士釗對盧梭看法的爭論，可參考林啟彥，〈嚴復與章士釗：有關盧梭《民約論》的一次思想論爭〉，《漢學研究》，第 20 卷第 1 期（2002.6），頁 330-367。

其「自由意力」活動的結果。[46]與章士釗國家觀比較,戴季陶是一個絕對自由主義者,他認為國家只不過是個人之集合體,完全否定一個超然「國體」的存在。不但如此,戴季陶更認為國家內之各個個體是互相依存,沒有差歧,因為「我之生匪全不賴乎他人者,於是我之與人,人之與我,竟成密切不可分之關係,此關係之深而久者,其行幾如一人。就生物學言,則謂之曰羣,就哲學言,則謂之曰普遍我,就法學言,則謂之曰人格」。[47]因此國家是由一群同質性的個體組織而成,沒有章士釗上智下愚看法,戴季陶亦因此採取一個樂觀態度,不像章士釗由衝突層面看國家構成。

至於國家形成方式,戴季陶舉出三個學說:以社會為本、以契約為本、以進化為本,但三者皆不認同。戴季陶認為社會為本過於一般,未能突出國家之特性;以契約為本是盧梭說法,但契約只反映人與人的「相對關係」,非「絕對關係」,不足以說明國家;至於進化說亦過份浮濫,萬物莫不由進化,亦無法說明國家特性。[48]對戴季陶而言,國家是一個法人,「以法而存在之合成人格者也,故無法則不能存在」。[49]不過戴季陶之所謂法,不單是法律條文,最重要是國民精神的總合表現,故「國家者,由個人而成以最超越之精神存在於特殊地位之自主團體也」。[50]因此法律是人民總體意志的表現,亦是個人自由

---

[46] 〈憲法綱要〉,《戴季陶辛亥文集》(香港:香港中文大學,1991),冊上,頁12。

[47] 同上註,頁27-28。

[48] 同上註,頁2。

[49] 同上註,頁20-21。

[50] 同上註,頁24。

意志的表現，是人民精神的表現。[51]戴季陶對法律以至憲法高度期待，成為國家最重要的基礎。而法律以至法律精神的剛性特徵，亦有異章士釗釗之緩步漸進的歷史觀。

　　亦因為戴季陶之樂觀，他之支持總統制，是因為總統制最能直接反映人民權利，這觀點可見之於戴氏的聯邦制度觀。聯邦制度問題向來只被關聯到反對袁世凱或反對中央集權問題。但戴季陶卻以聯邦制度是其實踐直接民權之不二法門。在一篇呼籲省長民選文章中，戴季陶指出人民常受限於「狹義的參政權之思想」，亦即「以為參政權者，即參與立法之一部為已足，而選舉權者亦限於選舉議會之議員為盡其責，所謂共和者，以能選總統，即參政權已達其目的，而共和國人民之權利義務，遂於此終矣」。[52]戴季陶在本文主要強調省長民選，並未能完全闡發其直接民權理念，原因有數個，首先是地方政制是本文要申明重心，未便偏離主題，更重要是當時他正攻擊總統袁世凱濫權，故未便為總統擴權張目，第三點是當時舉世仍總統仍是以間接選舉總統為主流，戴氏有沒有如此明確想法仍有待考查。然文中戴氏明確主張人民應全面參政，故云「完全之參政權，即人民有參與立法司法行政之權也」，而且戴氏更間接表達出直接民權想法，所謂「有憲法之國」，其立法司法行政，皆受憲法之保障，而共和國者，其憲法之根據為人民，故立法司法行政之權，直接受憲法之保障，即無異間接受人民全部之保障」。[53]戴氏一切以人民為依歸，與章士釗之人民只是國家要素之一看法，是截然對立，亦難怪孫中山對臨時約法表達不

---

[51] 同上註，頁 5。
[52] 〈省長民選問題〉，《戴季陶先生文存再續編》，頁 116。
[53] 同上註。

滿，只承認約法第二條「中華民國之主權屬於國民全體」為他所同意，其他一概與之無關。

戴季陶另一個支持總統制的原因是權力制衡形式，此點亦是他與章士釗相異地方。戴季陶主張政治權力的衝突與制衡是常態，無須力求協調。政黨是其中一個例子，無論章士釗或戴季陶，均主張政黨應有不同政綱，彼此競爭，但章士釗完全由功能角度看黨爭，仍然反對根本上對立，因此戴季陶直接質疑章士釗，以「行嚴先生所持之見，既為應有政黨，則不宜開口便說黨爭亡國」。[54]戴氏認為黨爭「不特不能亡國，且足召國家之發展」，因為「真理以爭而愈明」。[55]另一個例子則為三權分立問題，戴季陶支持三權分立的原因有二，其一是防一機關之獨斷專橫，總統以至國會互相制衡，不會獨斷權力；另一個原因則以國家愈進步，權力機構分科愈發達，故獨立機構之形成，勢所必然。

四、結論

內閣制與總統制之爭，在民初政治議題中可說是曇花一現，而當時爭議地方，又多半集中在袁世凱權力問題，及袁氏帝制失敗，有關總統權力的爭議，亦因而告一段落。但正如上文提及，總統制與內閣制爭議所涉及之行政立法、憲法等各種共和制度問題，到北洋政府時期仍引起無數糾紛，直到曹錕當選總統後，各界對共和制度再不抱任何希望，民初的民主爭議才告終歇。因此內閣制與總統制之爭，在中國的民主發展過程中，

[54]　〈敬詢行嚴先生〉，《戴季陶先生文存三續編》，頁9。
[55]　〈私爭亡國論〉，《戴季陶先生文存再續編》，頁63。

是值得進一步探討的。

　　總結本文的討論，民初有關民主論爭的特徵有三個：首先爭論集中在政治結構上，即國會、內閣以致總統的功能與角色，這點以章士釗最為明顯，他的政論文章少有涉及政治以外範圍；戴季陶討論範圍較廣，也許受到孫中山民生主義影響，他對華僑、貿易、民生等問題均討論及，但很少把政治與社會問題聯繫起來，更不要說把社會看作政治基礎。故無論章士釗或戴季陶，均視政治與社會為兩個獨立互不干涉範疇，甚至可以說對政治抱過大希望，認為只有政治上達成改革目標，其他問題便可迎刃而解。這種政治自由主義的傾向在民初十分流行，章士釗及戴季陶可以說是典型代表，它代表了政治個人自由主義熱切追求的浪漫思想。

　　其次是法律觀點又在政治方案中佔有十分重比例。憲法之爭是最突出例子，若以章士釗及戴季陶而言，幾乎所有爭議都可以追源到他們的法學觀點，而兩人的看法又代表當時兩個主要思想流別。章士釗一直強調法律以至憲法均為歷史產物，不應該給與過份硬性定義，故法律是妥協及調和結果，這是章士釗備受攻擊原因，因為他經常為遷就現實而妥協原則，故當國會為陸徵祥內閣爭峙不休時，章士釗便放棄其政黨內閣原則；與此相對便是戴季陶，他支持一個剛性法制，法律並非歷史產物，而是一個國家精神的表現，不容妥協。然無論是歷史觀或精神觀，兩人均以法律為解決政治糾紛不二法門，法律觀點的衰微是民初民主思潮一個重要轉折關鍵。

　　第三是中央與地方的關係，亦是兩人爭執的重要問題。比較有趣的現象是民初力主聯邦制的戴季陶，到北伐以後卻成為統一派，而力主大一統的章士釗，在國民政府時期卻成為力挺

異議份子的民主人士。兩人觀點之轉變是否能純粹歸因於權力關係的替換？值得深思。論者常以晚清督撫力量崛起，代表中央政治力量的衰弱，故民初有關聯邦問題的爭議，事實上是重建中央地方關係的一個嘗試。事實上兩人均不否認要給與地方相對自主的權力，但戴季陶從勢之角度出發，認為以中國地方之大，民主潮流之需要，聯邦制度是必然解決方案；而章士釗則從富強角度出發，堅持政治上整合的必要性。兩種觀點其實在整個北洋時期均爭論不休，只有在北伐以後才日漸消聲匿跡。中國近代的中央與地方關係到今天仍在重建中，雙方爭論的觀點仍然值得我們參考。

第八章　歷史綿延性的中斷：
新文化運動探源

　　五四運動在近代中國史上一直被視作一個啟蒙運動，它為中國帶進了科學與民主，要使它擺脫五千年封建文化，走向現代化。然而這種看法是值得商榷的。首先啟蒙運動是否源起於五四便是一個問題，民主與科學並非五四運動獨有之概念，在辛亥革命時期已經傳進中國。辛亥革命推翻帝制，它是一個民主運動是無可置疑，另一方面，科學思想亦於此時傳到中國，最明顯是達爾文主義，它風靡整個清末之思想界，胡適本身便數度提及達爾文主義對當時之影響。因此民主與科學非五四時期所帶入，中國近代之啟蒙事實上是可以溯源至辛亥革命甚至是百日維新時期。

　　本文要澄清的第二個問題是辛亥革命與五四運動的關係。如果民主與科學同樣是辛亥革命與五四運動追求之目標，則兩個歷史事件有無一脈相承的地方？辛亥與五四是中國近代史

最重要的兩個歷史事件，但向來很少人把兩者連繫起來。事實上兩者是息息相關的，五四運動時所提出要打倒之五千年來中國封建文化，實際上是指辛亥革命所建立之論述。歷史學者很多時為五四時提出的「打倒孔家店」一口號所迷惑，以為五千年文化便是五四運動的目標，因而忽略它與辛亥革命的關係。當然，五四運動波瀾壯闊，涵蓋面甚廣，它涉及範圍也許有超越辛亥革命之層面，但無疑它是辛亥革命之反思，並且因而產生一個不同之論述，科學與民主在這個論述中是自有其特別意義的。

五四運動與辛亥革命最重要的差異是它提出了現代性這一觀念。所謂現代性，是指與傳統相對的一個概念，它是要與歷史訣別，以現存世界作為其目的。[1]現代一概念在中國是何時出現，在研究近代中國中似乎是少有提及，因為傳統與現代之對立關係，似乎是隨西方文化之東漸便自然存在，無容置疑。但事實上現代與傳統這個二元對立概念（dichotomy）是要到五四運動才出現，在此之前只有中西文化問題爭議。在辛亥革命時期，較類似現代性觀念的用法是新學，但新學其實仍未跳出西學之範疇。[2]而所謂中西文化，是由地理觀點構成之東方與西方差別，未構成文化內部之歷史延續性問題，因此由中西之爭過渡到傳統與現代之爭，是一個論述轉變，亦是辛亥與五四最大不同的地方。

胡適是五四運動最重要的歷史人物之一，而他亦是在辛亥革命中成長。故本文是要透過胡適留學時期思想之形成過程，

---

[1]　現代性（modernity）一詞之界定十分多，有以理性，有以個人意識等作為其界說。本文是以歷史作為其界定標準。

[2]　梁啟超，《清代學術概論》（台北：水牛，1971），頁160-163。

探討辛亥革命過渡到五四運動的過程，與及現代性概念出現之概略背景。

一、辛亥革命之反思

辛亥革命是一個失敗的革命，這是一九一三年二次革命後革命派的一般共識。然而革命派所面臨之問題是，在革命成功不到兩年內，為何政權得而復失，這是革命派必須要反思的。無疑袁世凱破棄承諾，不肯遵守選舉結果，並且進一步刺殺宋教仁是革命失敗之始作俑者，不過更令革命派沮喪是當時全國人心趨向並不支持二次革命，正如李劍農指出：「但當時的所謂『民心』觀察，討袁軍是萬難制勝的。當時的人心，一般說是『厭亂』……所謂『民心』如此，討袁軍所以必敗」。[3]革命派認為推翻帝制，建立共和，應普遍得到人民支持，但其結果是相反，故不得不對辛亥革命之基本出發點重新作檢討。

革命派對辛亥革命之檢討主要來自中華革命黨及歐事研究會兩方面。中華革命黨之檢討，首見於一九一四年七月，戴季陶在《民國雜誌》上所發表之〈中國革命論〉。戴季陶這篇文章，可以說是二次革命後孫中山陣營中對革命失敗最徹底的檢討。戴氏指出中國過去歷史發展是一個四個階段的循環。大凡一個朝代之開始，必有明君良相作領導；其後發展，君主漸趨專橫，朝政不修，人民因生活困苦而生求治之自覺心；到第三階段則為政局敗壞，野心家利用民心反叛；第四階段則為新君改朝換代，重建政治秩序。除了上述四個階段外，戴季陶認為新君不一定是出自國內，因為國中動盪，亦會引至外族入侵，

---

[3]　李劍農，《中國近年政治史》（台北：台灣商務，1972），頁400。

取代舊日帝主，不過無論何種形式，中國數千年之歷史，皆在此一治一亂中循環不已，而最重要之關鍵則為帝位之替代，人民只是仰俯於皇帝權力之中。[4]

戴季陶認為辛亥革命之重要性在一舉推翻帝制，建立共和政治，中止數千年來之歷史循環形式。不過戴氏指出辛亥革命之成功，並非建立在人民對「民權自由主義與乎社會主義」之自覺，而是建立在排滿之種族思想及順天應人之革命思想，同時更重要是外力入侵，是以革命是形勢迫人所產生之結果。「故於滿清帝室退位後，繼續從事政治活動之心乃薄，以至釀成第二次革命，重使人民受苦，且使人民之無識者，其厭改革圖苟安之心。當獨裁違憲行為，已數數發現之時，人民之無識者，猶惴惴焉惟恐及於亂，一時維持現狀之說，頗深入於人腦」。[5]

戴季陶對辛亥革命之回顧有兩點值得注意。首先他把中國過去之歷史總體化（totalization），以一個循環模式說明中國的過去。這種以一種歷史總體觀對待過去中國是辛亥革命思想之特質。[6]而戴季陶則是扮演一個歷史批判者的角色。其次是戴季陶注意到人民之自覺性在革命中扮演之角色，但他批判人民之自覺性不足。歷史與自覺問題在戴季陶文章中未能有進一步發展，原因是戴季陶繼承了孫中山之樂觀思想。「八月十九日之革命，有種族觀念雜於其中，且多數人民之自覺，復為對種族問題之自覺，而政治改革之思想，其入人心也尚淺。二次革命則純為政治問題，是為絕大之相異耳」戴氏認為辛亥革命雖成功，但民主自由問題卻為種族所掩蓋，人民無法了解；二次

---

[4] 《戴季陶先生文存再續編》（台北：台灣商務，1968），頁 578。

[5] 同上註，頁 585。

[6] 參考本書第六章〈論清末學術中經學與史學的交替〉，頁 145-153

革命雖失敗，但政治問題已開始深入人心，「是以改革政治之風潮，其發動恆由於少數人，而非由於多數人，惟改革政治之成功與否，則訴諸多數人之自覺而已」。[7]究竟革命是靠革命家之努力？或是多數人民之自覺？戴季陶在這裡並未提出明確答案。他是從一個革命不斷實踐的層次去了解，亦是孫中山堅持要從政治手段解決中國問題而生來的結果。

與中華革命黨之思考方向不同是歐事研究會。其中又以陳獨秀之反思最為突出。一九一四年十一月，陳獨秀在《甲寅雜誌》發表一篇名為〈愛國心與自覺心〉之文章。陳獨秀在文中指稱國家建立於愛國心，若民無愛國心，則國家無法存在，而愛國心又建立在人對其情感。「惟其無情，故視公共之安危，不關己身之喜戚，是謂之無愛國心」。雖然如此，陳獨秀反對以愛國心為建立國家之唯一要素，因為國家之目的是為人民服務，「其目的在保障權利，共謀幸福」，但中國「自伊古以來，號為建設國家者凡數十次，皆未嘗為吾人謀福利」，因此陳氏指出「過昵感情，侈言愛國，而其智識不足理解國家為何物者，其愛之也愈殷，其愚也益甚」。因此陳獨秀主張「愛國心雖為立國之要素，而用適其度，智識尚焉。其智維何？自覺心是也」。最後，陳獨秀把其論據推至極端，認為「殘民之害，惡國家勝于無國家」，故國家若不能保障人民之自由及權利，實不如不要。[8]

陳獨秀與戴秀陶之看法頗為類似。他們都指責中國從古以來均是專制國家，同時人民亦缺乏自覺性，都是辛亥革命失敗之主要原因。但進一步分析，他們不但在方法上有不同，戴氏

---

[7]　《戴季陶先生文存再續編》，頁586。
[8]　《陳獨秀著作選》（上海人民，1991），冊上，頁113-119。

是比較樂觀，而陳獨秀是比較消極，更根本是兩人對國家之看
法有異。戴季陶雖指出中國國家在歷史上是一個專制之國家，
但他並未懷疑國家之歷史性之價值，特別在種族問題上，戴季
陶雖認為種族問題雖蓋過政治問題，但他未曾否定種族是國家
之基本要素。在〈中國革命論〉中，戴季陶提出白種與黃種之
競爭問題，他認為白種人排斥黃種人之事實仍普遍存在。[9]對
種族問題之敏感，使戴季陶不能進一步探討國家之存在基礎。
但陳獨秀則直接挑戰國家之必然性。反對以情感作為效忠基礎
，而情感卻是以民族建立國家之最根本基礎，換言之，陳獨秀
事實上是質疑辛亥革命所提出之民族主義，而亦是戴季陶所忽
略。而且陳獨秀之自覺性，既非政治上之自覺，亦非歷史上之
自覺，這種自覺是以歷史對立面出現，透過強調個人價值之絕
對性，以打破歷史之壓力，這是新文化運動現代性概念之起源，
陳是希望透過文化改造運動，以達成人之自覺，才是中國改革
之根本，亦是與孫中山所走之政治改革路線不同。

　　陳獨秀要推翻國家之歷史性，當時同意的人並不多。當陳
獨秀發表該文後，「斯言一出，讀者大病，愚獲詰問叱責之書，
累十餘通」。[10]而其中又以章士釗之看法最具代表性。章士釗
同意陳獨秀之說法，認為中國在歷史上缺乏所謂人民權利之自
覺，「惟無此真覺，故數千年只有君史而無民史，展轉桎梏於
獨夫民賊之下」。但章士釗反對過分強調自覺，所謂「徒覺其
又奚益。譬諸治疾，不見癥結，方術莫投，宜其不愈」。[11]章
士釗所謂癥結，即指國家之源起。章氏指出陳獨秀認為國家之

9　《戴季陶先生文存再續編》，頁 586。
10　《甲寅雜誌存稿》《近代中國史料叢刊續輯 431》（台北：文海），頁 339。
11　同上註，頁 342。

能夠解散，主要是依據盧梭之民約學說，亦即國家是人民總體意志之呈現。但章士釗指出「國家由民族而立也……國家不幸而至於解散矣，民族果隨之而解散焉否？」章士釗即引用呂南（Renan）看法，認為民族乃精神之結合體，不能用公民投票式之法律形式來解決。因此人與民族成為一個不可分之有機體，所以「人固未有願棄其族者也，故苟自棄其族不可也，即不自建國不可也」。[12]總括而言，章士釗仍沿用辛亥時期之看法，民族是國家之基礎，人是無法擺脫民族團體，而所謂民族精神，事實上則是歷史之結果。章士釗對於歷史及民族之執著，使他對陳獨秀所提出的現代性概念無法接受，亦為五四運動時期，章氏與新文化知識分子間衝突埋下伏線。

陳獨秀在一九一五年創辦《青年雜誌》，以宣揚他的現代代化觀念。不過在開始時似並不成功。根據汪孟鄒的回憶，《青年雜誌》在第一年的銷路並不算好，每個月之銷量不會超過一千份，而且還包括交換在內，直到一九一七年胡適開始為《新青年》撰寫文章後，影響力才慢慢增加。[13]陳獨秀未能帶動社會上新思潮，其原因約有二。首先陳獨秀提出之現代性缺乏新意。陳氏所談之現代性，基本上是以西方文明為依據，陳氏在其〈法蘭西與近世文明〉一文中指出近代文明之特徵，「厥有三事，一曰人權說，一曰生物進化說，一曰社會主義說是也」。[14]這三點在辛亥革命時已經出現，這種提法未能有更新之突破。事實上在辛亥革命成功後，當時知識分子對中西文化間之差異已有比較樂觀之看法，認為隨著革命成功，個人獲得自由，

12　同上註，頁 347。
13　張靜盧，《中國近代出版史料二編》（上海：聯出版社，1954），頁 315-316。
14　《陳獨秀著作選》，冊上，頁 136。

對中西文化是可以摘其善者而從，兩者並非不可相容。甚至比較保守之章太炎亦表示：「無新無舊，唯善是從」。

其次是陳獨秀所提出之口號過份空洞，未能提出一個具體之實踐方式。陳獨秀在《青年雜誌》發刊號提出六大宗旨：一是自主的而非奴隸的、二是進步的而非保守的、三是進取的而非退隱的、四是世界的而非鎖國的、五是實利的而非虛文的、六是科學的而非想象的。[15]但如何達成這六個目標，則似乎沒有一方具體方案。其實不止是陳獨秀，當時另一位著名知識分子李大釗，他亦是支持一個現代性中國的概念，在〈青春〉一文中，李大釗指出中國民族必須改造，他反對陳獨秀之鄙視過去，不同意陳氏「必謂他人能之，我殊未必，則此特別之民，當隸特別之國」。[16]在再造中國之過程，他強調「其變者青春之過程，其不變者無盡之青春也」，換言之，李大釗所追求是現那一剎那，不掌握這現代性，中國是無以復再。李大釗思考是比陳獨秀更深一層，同時比陳獨秀更能掌現代之含義，但問題仍是中國之現代性究竟從何處呈現出來，李大釗仍提不出一個具體答案。要追求一個更明確之現代性概念，不得不待胡適之文學革命。

二、胡適走上現代性的道路

胡適是一九一零年前往美國，當時年僅二十歲。根據胡適自身的回憶，他之赴美留學以至專業選擇，都是很多偶然因素造成。據胡適《四十自述》，他之決定投考公費留美，主要是

---

[15]　同上註，冊上，頁 129-135。
[16]　《李大釗文集》（北京人民出版社，1984），冊 1:，頁 149。

導因於中國公學發生學潮，胡適隨大眾退學後，生活及學業完全失去憑籍，最後決定到北京考公費留美以碰運氣，結果得償所願。[17]同時他赴美之初選擇農科作專業，亦是聽二兄胡紹之之勸告，以家庭及國家之實際需要為前提。[18]不過上述看法並不能反映胡適青年時期思想的實際情況，它不但掩蓋了胡適是一個有思想、有抱負的人，而且忽視胡適成長在辛亥革命的環境，因此未能真正掌握胡適在留學時期思想之形成過程。本節要討論的便是辛亥革命對胡適留學時期思想的影響。

　　強烈之民族情感是辛亥革命對胡適第一個影響。由於胡適日後以擁護具普遍價值的自由主義而鳴世，胡適之民族思想便很容易遭受忽視。事實上胡適在留美之初，具有非常強烈之民族感情，這點在胡適的留美日記中可以說俯拾即是。胡適在美國居留已逾半年後，在日記上寫著：「連日日所思維，夜所夢囈，無非亡國慘狀」。[19]因此當胡適目睹菲律賓學生在美要求自主，而美人「尚有嗤之以鼻者。有某君謂余，吾美苟令菲人自主，則日本將攘為己有矣。」胡適對此之反應只能是「鼻酸不能答，頷之而已」。而胡適所悲嘆是「亡國人寧有言論之時哉」。[20]強烈之民族感情使胡適無時不意識到其中國人身分，並要為中國情況辯護。在攻讀農科時期，胡適曾作在閱讀莎士比亞名著《哈姆雷特》後，在課上交〈論 Ophelia〉一文，胡適自言以中國人眼光為之辯護，對其表彰甚力，並因比得教師

---

[17]　胡適，《四十自述》（台北：遠東圖書公司，1967），頁 83-99。

[18]　《胡適之先生年譜長編初稿》，胡頌平編　（台北：聯經），冊 1，頁 103。

[19]　《胡適留學日記》(胡適作品集)（台北：遠流，1992），冊 1，頁 17。

[20]　同上註，冊 1，頁 25。

稱許。[21]在清政府被推翻後，胡適亦到處撰文及演講，為當時國內之不安定情況作辯護。這都表現出胡適強烈之民族主義感情。

　　另一個辛亥革命之影響則是治學方法上。胡適之學術思想究竟是源自何處？不少胡適研究者依據其所著《四十自述》一書敘述，認為胡適是受梁啟超〈論中國學術思想變遷之大勢〉的影響，他的《中國哲學史大綱》便是梁氏著作的續貂。[22]事實上，胡適雖然多次頌揚梁啟超之影響，但卻未有承認過他之治學方法得至梁氏。[23]在其口述自傳中，胡適列出三個對他治學思想有影響之來源，其一是他自幼之懷疑精神，其二是中國自宋學以來所發展出的批判方式，其三便是西方之治學方法。梁啟超影響並未入列其中。[24]不但如此，他亦否認他之學術方法是來是漢學。胡適強調他在一九一零年在北京參加留美考試時才開始涉獵十三經，並且作了一篇〈詩三百篇言字解〉，不過方法上雖然是漢學之考証，文內之觀點則是朱熹，他是完全不同意鄭玄及毛公註釋，故不能說他是漢學派。[25]

　　胡適之治學方法無疑是清代考據學，但他排斥漢學的原因實際上是受清末漢宋對立之影響，這亦使胡適無從了解考據學在辛亥革命時已有轉變，他所治之考據已非傳統考據學。清末

---

[21]　同上註，冊1，頁25。

[22]　《四十自述》，頁60。

[23]　有關梁啟超與胡適之關係，可參考張朋園，〈胡適與梁啟超〉，李又寧編，《胡適與他的朋友》（紐約：天外出版社，1990），冊1，頁19-62。張朋園指出胡適之治學方法與梁氏有異，不過他強調兩人之差異是由於胡適經過西方學術訓練的緣故。

[24]　《胡適口述自傳》，唐德剛譯註（台北：傳記文學出版社，1986），頁122、129。

[25]　同上註，頁123。

考據章太炎等國粹派之極力提倡底下，已經不再是追求經籍之真偽，或是其間微言大義。考據學已經成為研究民族歷史發展之方法，而考據之重點亦由經籍訓詁轉移到文字語言上去。[26]他所作之〈詩三百篇言字解〉，是在辛亥革命學術論述下產生之作品，而胡適對語言文字之敏感性，亦於此時培養出來。直到留學時期，胡適在其〈非留學篇〉中，指出當代留學生三大缺點，除務「苟且速成」、「重實業輕文科」外，第三點便是指責留學生「不講求祖國之文字學術」，雖然胡適未能如章太炎深入談及文字語言與民族歷史之關係，而只著重留學生之文字表達能力，但對文字語言重視則一。[27]對語言文字之講求，亦使胡適早在一九一四年便開始探討在中國文章中使用標點符號方法。[28]

　　辛亥時期對胡適之影響最大是文學。在這段時期，胡適一方面參加《競業旬報》之編寫工作，寫了大量白話文章。其次則是胡適對舊詩創作之入迷。白話文創作經驗對日後胡適之新文化運動有何影響，似乎並不明顯。正如胡適日後批評，辛亥時期的白話文是以「開通民智」為目的，並非以創造中國文學為目的，因此不能形成一個運動，對胡適之影響仍有限。[29]

　　事實上胡適在這一時期所醉心之文學是舊詩創作。胡適是進入中國公學以後才開始學作詩。據其回憶，他的啟蒙老師是該校任教的傅君劍。在辛亥革命時期，詩壇之主要流派有二，其一是宋詩派。宋詩之特點本來是主張直接平白，不過到清末

---

[26]　參考本書第六章〈論清末學術中經學與史學的交替〉，頁 145-153。
[27]　《胡適早年文存》，周質平編　（台北：遠流，1995），頁 361-363。
[28]　《胡適日記》，冊 2，頁 72。
[29]　《胡適文存》（台北：遠東，1968），頁 246。

時，詩風已側重文字形式上之修煉，故胡適譏其誤學黃庭堅江
西詩派，用典過當。[30]而另一派為革命詩派，革命詩派是維新
時期由梁啟超及黃遵憲，其詩風主張淺白，黃遵憲亦曾提倡「我
手寫我口」，但形式未有突破，仍沿襲清末詩風，只是強調以
新詞彙入詩而已，此派後為章太炎之復古派所取代，復古派是
強調性情為主，反對文字上之雕琢，以內容為先，形式則以摹
仿魏漢之古體為雅。章太炎是散文大家，但吟詠非其所長，故
晚清之文學倡導便落在南社各人身上。[31]

　　影響胡適最大應是南社之文學風格。南社雖然是一九零九
年才成立，但在《國粹學報》創立後，革命黨人之文學創作已
蔚然成風。因此胡適的老師傅君劍本身既是革命詩人，亦是後
來革命文學團體南社之主要成員，[32]再加上中國公學本身便為
革命黨活動中心，故胡適為南社詩風影響應無疑義。事實上胡
適在留學時期對舊詩之批評，亦以南社作為對象，[33]故南社對
胡適之影響應無疑義。當時革命詩是以復古為尚，南社中之要
人物高旭便曾說：「詩文貴乎復古，此固不刊之論也，然所謂
復古者在乎神似，不在乎形似」，雖然如此，高旭仍主張：「然
新意境，新理想，新感情的詩詞終不若守國粹的，用陳舊語句
為愈有味也」。[34]然當時之所謂古體，是指不守格律之古體詩，

30　同上註，冊 2，頁 214。

31　馬亞中，《中國近代詩歌史》（台北：學生，1992），頁 541-547。

32　傅君劍(1883-1930)，湖南醴陵人。見邵迎武，《南社人物吟評》（北京：社會
　　科學文獻出版社，1994），頁 284-285

33　胡適在一九一六年正在倡導白話詩時，曾致信任鴻，認為「今日之詩（南社
　　之詩即其一例）徒有鏗鏘之韻，貌似之辭耳。其中實無實物可言，其病根在
　　于重形式而去精神」。《胡適書信集》，冊 1，頁 68；另《留學日記》，冊 3，
　　頁 47。

34　馬亞中，《中國近代詩歌史》，頁 555。

特別是漢魏古詩，錢基博便曾批評另一名南社著名詩人蘇曼殊：「其詩往往有故作虛神，其實無遠味，散文蕭閒有致，小品彌佳，而長篇皆冗弱，徒以抗心希古，依附炳麟，後生睹其古體，相驚漢魏」。[35]無論革命詩風成熟與否，胡適仍是在這種要求解放下成長。但南社最大之問題仍在其陳舊形式，這是胡適要力圖打破，亦成為胡適以後文學革命之切入點。

　　總括而言，胡適在留學初期，他仍活在革亥革命之氣氛中。他之愛國熱誠，對語言問字之關心，以至對舊文學之愛好，都反映出他仍生活在辛亥革命之論述中。他雖然嘗試突破，但未有成效，例如胡適早在一九一四年便開始用進化觀點看律詩之演進，胡氏懷疑律詩是由駢文之排對演化而成，「律詩其託於排耦之賦乎？對耦之入詩也，初僅偶一用之……晉人以還，專向排比。陸機、陸雲之詩，已幾無篇不排矣……降及梁陳，已成風尚，不待唐也」。[36]但這種進化觀在清代已是十分普遍，[37]而且這種變化仍是由歷史之淵源演化而至，並未能擺脫歷史之枷鎖，故仍無法視為現代性觀念。

　　要觀察胡適如何走上新文化的道路，首先應比較胡適與陳獨秀等對二次革命之回應？胡適對袁世凱並無好感，當武昌起義之初，袁氏接受清政府軍事上之任命時，胡適直斥之為「蠢物可鄙」。[38]不過胡適並未因此支持革命當人在二次革命後以以政治手段解決，故當傳聞孫中山與袁世凱達成妥協，他是頗

---

[35]　錢基博，《現代中國文學史》（增訂本）（文學出版，出版年地不詳），頁 90。
[36]　《留學日記》，冊 1，頁 211。
[37]　馬亞中，《中國近代詩歌史》，頁 360-361；胡適本人亦曾指出章太炎在清末便指出詩歌由四言、而五言、而七言之發展趨勢，《胡適文存》，冊 2，頁 220-221。
[38]　《留學日記》，冊 1，頁 77。

為欣慰，但當其後他知此事為傳聞失實，則感嘆「政府實無意和平了解，民黨亦無意含糊了事也。果爾，則吾之樂觀又成虛望矣」。[39]

　　胡適在二次革命之立場是接近陳獨秀等之文化改造主張。在一九一五年中，胡適便不斷在日記中提及以讀書報國，[40]而其友許怡蓀亦有來信勸胡適多讀書，並期待胡適「發心造因，期挽末劫」。[41]許氏所述之因是指中國之基本問題，對這點，胡適在曾在另一封回給許氏之信中有進一步解釋，「適近來勸人，不但勿以帝制攖心，即外患亡國亦不足顧慮。儻祖國有不能亡之資，則祖國決不致亡。儻其無之，亦不能阻其不亡。不如打定主意，從根本下手，為祖國造不能亡之因，庶幾猶有雖亡而終存之一日耳」。[42]胡適之所謂不能亡之因，即他所錄梁啟超之意見：政治改革必須要有一定條件，但中國今日仍未具，「未具而欲期其漸具，則舍社會教育外，更有何途可致者？」[43]因此以文化作為改革中國的手段，胡適與陳獨秀的看法是頗為一致。

　　另一個導引胡適走向新文化運動的因素是胡適在美國所接受之國際主義。胡適在口述自傳中便指出他在留美期間接受和平主義之國際觀，這個國際觀幫助胡適擺脫民族主義對個人之羈絆。胡適之國際主義是來自其參加美國世界大同會（Cosmopolitan Club）。[44]胡適何時參加暫無法考証，但在其到

---

[39]　同上註，冊 2，頁 199-200。

[40]　同上註，冊 3，頁 6。

[41]　同上註，冊 2，頁 58。

[42]　同上註，冊 3，頁 240。

[43]　同上註，冊 3，頁 77。

[44]　世界大同會(Association of Cosmopolitan Club)是在一九零五年成立，以改善美

美國一年多後，胡適即曾代表康乃爾大學之分會，出席世界大同會年會。由此則可知胡適在會中是個活躍分子。[45]雖然如此，胡適未遽擺脫國家之概念。他認為國家與世界是沒有矛盾，是可以和平共處，故胡適為世界主義所下之定義為：「世界主義者，愛國主義而柔之以人道主義者也」。[46]但國家利益與世界利益是無法完全一致的，這種矛盾首現於一九一四年歐戰之爆發。雖然和平主義運動者希望籍國際主義發動各國人民反對戰爭，但歐洲各國民族主義仍取得勝利，以戰爭解決國際矛盾。胡適至此遂放棄其國家觀念，承認達爾文主義一個危險地方便是「以為國與國之間強權即公理耳，所謂『國際大法』四字，即弱肉強食是也」，胡適主張一種「世界的愛國主義是也。愛國是大好事，惟當知國家之上更有一大目的在，更有一大團體在」。[47]

　　至於達成國際和平的方法，胡適主張建立國際性道德標準。他認為「根本之計，在於增進世界各國之人道主義」，所謂「以人道易獸道而已矣，以公理易強權而已矣」。[48]至若國家若有衝突，胡適絕對反對以軍事方法解決問題。亦是由於此種觀點，胡適在日本提出廿一條要求時，便反對學生用激烈行動反日，亦反對中國在軍事上與日本對抗。胡適認為中國之軍備絕對比不上日俄等國，縱然中國增加軍備，亦比不上日俄等增

國與其他國家溝通為目的，但日後成為美國和平運動重要構成。C. Roland Marchand, *The American Peace Movement and Social Reform*, 1898-1918 (Princeton University Press, 1972), p. 37.

45　同上註，冊 1，頁 123。
46　同上註，冊 1，頁 127。
47　同上註，冊 2，頁 183。
48　同上註，冊 2，頁 232。

加速度，軍備競賽無時或已，則戰禍亦難免。故中國之計，在
「興吾教育，開吾地藏，進吾文明，治吾內政，此對內之道也。
對外則力持人道主義……極力提倡和平之說，與美國合力鼓吹
國際道德。國際道德化，則世界始可真進化」。[49]在此種國際
主義下，胡適漸擺脫辛亥革命所建立之民族主義，識別國家與
個人間關係的差異，不把國家當作唯一目標，正如他所說，要
把人當作一個目的，並非一個工具。[50]

　　最重要促使胡適走向新文化運動的因素，則是宗教因素，
胡適在回國以後，一直自許為一個科學論者，反對宗教。雖然
他在留學時期曾加入基督教，但胡適一向甚少提及，若討論到
宗教時則採取一個不十分尊重的態度。[51]胡適自幼便是一個無
鬼論者，在其《競業旬報》時代，迷信便是胡適文章攻擊的其
中一個重要目標。而胡適留學後參加基督教，本身便是一個頗
值得注意的事，何況在留學頭兩年，胡適的信仰是相當虔誠，
故宗教對胡適之影響是值得討論。[52]

　　宗教信仰使胡適重新評估精神信仰對人類思想所產作之

---

[49] 同上，冊 2，頁 234。

[50] 同上，冊 2，頁 187。

[51] 《胡適口述自傳》，頁 30。

[52] 根據胡適之《留學日記》，胡適是在 1911 年 6 月 20 日入基督教，7 月整月
均有出席聖經課，其後便中斷，到同年 10 月 22 日，似因對教會主講者康福
教授十分佩服，便再度出席經會，11 月以後胡適日記中斷，故無紀錄可考。
1912 年 9 月重寫日記，胡適是每個星期天均有到康福教授處，故可以相信胡
適從 1911 年到 12 年間，應是一個經常出席者。1913 年 1 月後，胡適再停記
日記，直到同年 10 月。此後胡適改變日記方式，不再記日常起居，故無法
考知他是否仍出席經課，不過在 1914 年，仍見胡適在日記中引用聖經，同
年 9 月 6 日，胡適往游波士頓，星期天亦專程往教堂瞻禮。到 1915 年後，
胡適在日記中逐漸少談聖經，故推算他與教會之密切關係，以 1912 年到 14
年為高峰。

作用，不能用迷信兩字抹殺。胡適對宗教態度的改變，首見於一九一五年國內有關設立孔教為國教之論爭。胡適並未如陳獨秀等人大肆攻擊，相反他是認真思考儒家能否成為中國之國教。「今人多言宗教問題，有倡以孔教為國教者，近來余頗以此事縈心。昨覆許怡蓀書，設問題若干，亦不能自行解決也」。[53]由其所設問題觀之，胡適是有考慮及以孔教為國教，否則亦考慮到用倫理學，東方之學或西方之學以扮演宗教角色。[54]換言之，胡適開始相信宗教給予人一定之精神力量，與辛亥時期之否定精神，強調現世不同。胡適對精神看法之改變，亦見於他對范縝神不滅論的新看法。胡適自言十七歲便相信范縝之無鬼論，主張形體與精神是不可分，人亡則神滅。但在一九一四年八月廿四日之日記中，承認「年來稍讀書治科學，始知其（范縝）論亦有疵」。[55]所謂有疵是胡適引沈約說法，「神本非形，形本非神，又不可得強令如一也」。換言之，胡適接受心物二元說，認為人是分別由肉體與精神構成的。

　　心物二元觀是與辛亥革命之一元自然觀是有差異，亦為胡適帶來進一步的問題。[56]即若形體與精神是二元，則精神是寄託於何處？亦引伸至人類之道德力量源於何處？這種疑惑，亦反映在胡適的日記內。一九一三年十月，當胡適重寫其停頓已久之日記，他的第一個題目便是「道德觀念之變遷」。胡適指出人類道德隨進化不斷變遷，昔日被視為不道德，今日卻不以為意，「是故道德者，亦循天演公理而演進者也」。但若人各是

---

[53]　《留學日記》，冊 1。頁 142。
[54]　同上註，冊 1，頁 142-144。
[55]　同上註，冊 2，頁 109。
[56]　參考本書第五章〈歷史文化的追尋：章太炎民族主義的形成〉，頁 104-113。

其是，各非其非，如何能有一個統一標準，胡適是強調是有一真是真非，上述之差異只不過是各人之看法不同而已。[57]胡適以觀點不同來回答這個道德性問題是不具說服力量，他本身亦應了解，此後胡適便進一步在這問題上思索答案。

胡適在一九一四年日記曾記道：「最近關心之問題，如下所列：一、泰西之考據學，二、致用哲學，三、天賦人權說之沿革」。[58]上述三者都是胡適追求人類精神來源之嘗試方向。所謂天賦人權說，是指人類之權利是自然賦予，不可損害。但胡適既不再接受辛亥革命的一元自然觀，他對天賦人權是抱有懷疑。胡適之反自然傾向，都明顯表達在其博士論文〈先秦名學史〉中。胡適批判莊子之自然觀，認為莊子之自然過程只是一種「決定論及自動論」，[59]無法反映出人類精神之創造性。相反，胡適追求是一個「由自覺的努力和明智的指引」所造成的進步。[60]這當然是指繼老子自然觀而起之儒墨名學，胡適認為邏輯才是人類理性的表現。

西方考據學是胡適嘗試的第二個方向。胡適稱西方考據學為版本學（textual criticism）。[61]西方版本學之範疇是包括古典文學及聖經兩部分，主要是探討各種文獻之真偽及文字上之解釋。不過到了十九世紀，版本學已逐步由文獻研究發展到留意作者與讀者間之互動理解問題，其中最突出是德國之詮釋學之出現，狄爾泰（Wilhelm Dilthey）企圖以心理學方法重建古籍

57　《留學日記》，冊 2，頁 128。
58　同上，冊 1，頁 151。
59　《胡適學術論集：中國哲學史》（北京：中華書局，1991），頁 879。
60　同上，頁 892。
61　〈胡適口述自傳〉，頁 128。

作者之原意。在美國，威廉詹姆士亦是主張用心理學探討典籍。[62]因此胡適之所謂西方考據學不單止包括文獻分析，亦應包括精神心理學研究。胡適可能從聖經研究開始接觸西方考據學，不過詹姆士雖然是實驗派大師之一，胡適並不喜歡他，認為他「太過於偏向意志的方面，帶的意志主義的色彩太濃厚了，不容免易被一般宗教家利用」。[63]換言之，胡適既不接受自然學派之命定論，亦反對西方考據學上之意志論。最後他接受了杜威（John Dewey）之致用哲學。

　　根據胡適之解釋，杜威解決了西方哲學中之唯心及唯物之問題，而最關鍵則是經驗這個觀念。胡適將經驗一觀念介定為「生活」，而「生活不是在虛空裡面的，乃是在一個環境裡面的，乃是由於這個環境的」。換言之，人之活動是深植在一個具體、物質的空間中。不過思想仍是重要的，因為這個空間是不斷變動，人類必須運用思想以應付這些變動。故杜威認為「思想是人類應付環境的唯一工具，是人類創造未來新天地的工具」。[64]胡適這個介定，把人類由各種命定取消，存在是為了應付現在，凡超越這具體空間的觀念，如歷史、終極目標等等，均與現代無關。因此，一種現代觀念便在杜威之實驗主義下出現。

　　當現代觀念出現後，胡適所剩下之工作便是尋找一個能確實代表這種現代的符號。而胡適回憶其「文學革命」是始於一

[62]　Paul Ricoeur, *Hermeneutics and the Human Sciences* (Cambridge: Cambridge University Press, 1981), pp. 43-62; H. Stuart Hughes, 李豐斌譯，《意識與社會》（台北：聯經，1981），頁 189-205。

[63]　《胡適文存》，冊 2，頁 288。

[64]　同上註，冊 1，頁 318-319。

九一五年的夏天。當年夏天與梅光迪等一群朋友的爭論，亦迫使胡適多加思索。不過這時期胡適之觀點仍未有突破性發展，雖然胡適已提出文學革命口號，他亦在一篇〈如何可使吾國文言易於教授〉文中，提出古文為半死之文字，不過胡適承認當時並未有「想到白話文可以完全替代文言」。[65]事實上，胡適日記在一九一五年八月亦曾提出過一連串之文學理論，但內容上他仍是環繞在理想與現實，濟用與發乎情等經常討論的命題，並無新意，胡適甚至有時亦自我否定這些想法。[66]

但到一九一六年二月到三月間，胡適自稱在思想上起了一個根本的新覺悟，他看到「一部中國文學史也就是一個文學上的語言工具變遷史。同時我也得出「另外」一個結論：「一部中國文學史也就是一部活文學逐漸代替死文學的歷史。我認為一種文學的活力如何，要看這一文學能不充份利用活的工具去代替已死或垂死工具」。[67]換言之，胡適突然發現日常語言是一個重要形式，而且它更是充滿現代活力。為何胡適會突然出現重大轉變，提倡白話文。其中最重要原因是他接受章太炎之語言文字理論。

章太炎是國學大師，不過其國學又建基在其小學上，對章太炎而言，中國之經學及文學中衰原因，是因為唐、宋以後不講求小學。他認為《說文》是中國文字之基礎，但中國文字在《說文》出現後愈變愈繁，而其中又以假借及引申為多，這兩種造字方式均以聲音為主，故不明聲韻變化，是無法寫出一篇好文章。章氏之聲韻學不但成為文學哲學之基礎，亦是了解社

---

[65] 《四十自述》，頁 102-108。
[66] 《胡適文存》，冊 3，頁 140-146、155-158。
[67] 《口述自傳》，頁 145。

會變化的關鍵。章氏通過方言及假借音韻的研究，可以了解中國社會變化的模式。[68]

　　胡適在一九一六年一月之日記中，曾錄下讀章氏之〈駁中國用萬國新語說〉心得。但他對章氏之聲韻理論談得不多，故難以猜測胡適之想法。不過胡適一直對章太炎相當尊敬，他並曾說過，在中國兩千年歷史中只七八本精心結構，而章太炎之《國故論衡》算是其中一本。[69]又在一九一六年一月之時點中，胡適應開始準備他的博士論文，胡適在論文中曾引用章氏著作，並稱之為「研究古代中國哲學還健在的最重要的一位學者」，[70]因此估計胡適對章氏之思想是相當熟悉，章太炎的聲音文字理論對他有一定影響力。當然，胡適並非完全抄襲，胡適愛好詩歌，因此十分能夠掌握音韻變化，其次他的文學改革一直是要從淺易入手，與聲音形式本便接近。事實上當胡適手抄白居易「與元九書」，希望尋找文學革命靈感時，白居易書中便提到聲音與文學關係，所謂「群分而氣同，形異而情一，未有聲入而不應，情交而不感」。[71]只是胡適仍為其理想與現實之二元世界所糾纏，無法體會，但胡適是聰明人，當接觸到章氏理論後，便馬上恍然大悟。第三點最重要，是章太炎仍沿辛亥論述，追求一個歷史繼承，但胡適則側重在一個現代論述，利用白話文截斷歷史的枷鎖。

---

[68]　參考本書第六章〈論清末學術中經學與史學的交替〉，頁 153-163。
[69]　《胡適文存》，冊 2，頁 216。
[70]　《胡適學術論集：中國哲學史》，頁 859。
[71]　《留學日記》，冊 3，頁 140。

三、社會與文學革命

　　胡適之所以能夠「暴得大名」，成為新文化運動之旗手，是由於他把現代性一觀念導入現代中國文化中。試以〈文學改良芻議〉為例，胡適在文中所提八事：須言之有物、不摹倣古人、須講求文法、不作無病之呻吟、務去爛調套語、不用典、不講對仗、不避俗字俗語。這八點似乎都是文學上之寫作技巧，但實際上卻是要求一個文學上之現代意義。胡適在文中明顯的指出：「文學者，隨時代而變遷者也。一時代有一時代之文學：周秦有周秦之文學，漢魏有漢魏之文學……此非吾人之私言，乃文明進化之公理」。[72]因此現代文學是必然之結果，不應質疑。

　　胡適之推動現代性，其實不止於文學範圍。在思想層面亦如是。胡適之《中國哲學史大綱》上卷，其重要特點之一便是「截斷眾流，從老子、孔子講起」，胡適這一論斷，亦是由反對辛亥革命而來。胡適認為該書最得意之地方是將諸子學地位抬高至與經學同等地位，[73]但事實上在辛亥革命時期，諸子學之地位便很高，章太炎在〈諸子學略說〉中便反對定孔子於一尊，認為諸子與孔子一樣，各以本身學說明世，中間並無軒輊地方。不過章太炎卻是強調中國思想是同源，希望建立一個學術思想傳統，因此強調諸子之學說均是出自王官。但胡適之諸子論是反對諸子學說出於一端，胡適強調「學術之發生與興替，其道固非一端也。」因此若謂「九流皆出于王官，則成周小吏之聖知，定遠過孔丘、墨翟。此與謂素王作春秋，為漢朝立法

---

[72]　《胡適文存》，冊1，頁7。
[73]　《胡適學術論集：中國哲學史》，頁13。

者，其信古之陋何以異耶」。[74]因此，胡適之論諸子，主要是反對章氏之王官說，要反對一個由歷史構成、超乎個體以上之有機體。從時間上要切斷，建構一個現代性。

但若個人不受歷史約束，則他之思想來源是來自那裡。胡適是受到實用主義之影響。他認為文學要有成就，必須是社會反映。在〈文學改良芻議〉中，胡適便主張一個文學作品之成功，「惟實寫今日社會之情狀，故能成真正文學」。對先秦諸子之解釋，亦認為諸子之出現，胡適採《淮南要略》說法，「以為諸子之學皆起于救世之弊，應時而興。故有殷周之爭，而太公之陰謀生；有周公之遺風，而有儒者之學興」，所謂「學術之興，皆本于世變之所急」。[75]換言之，胡適認為人類思想之突破，主要是由於要解決社會出現之問題。社會因而產生一個有別於辛亥革命之新概念。

在辛亥革命時期，社會是一個歷史產物，需要時間過程才能有社會出現，但個人既是歷史之自然結果，個人與社會之間便無需一個緊密關係。[76]但胡適所談之現代社會特徵，一方面人之創造力是源於社會，並非歷史，另一方面則人與社會又是緊密不可分。這種人與社會之緊密性，最見於他於介紹易卜生的文章：「人生之大病在於不肯睜開眼睛來看世間的真實現狀。明明是男盜女娼的社會，我們偏說是聖賢禮義之邦；明明是贓官污吏的政治，我們偏要歌功頌德；若要政治好，須先認現今的政治實在不好；若要改良社會，須先知道現今的社會實在是男盜女娼的社會！易卜生的長處，只在他肯說老實話，只在他

---

[74]　同上註，頁 597。

[75]　同上註，頁 592。

[76]　參考本書第五章〈歷史文化的追尋：章太炎民族主義的形成〉。

能把社會種種腐敗齷齪的實在情形寫出來叫大家仔細看。他並不是愛說社會的壞處，他只是不得不說……因為我們對於社會的罪惡都脫不了干係」。[77]

從胡適對易卜生之引用，反映他兩個觀點。首先胡適之文學革命並非以文學作為最終目的，文學只是一個手段。它只是表達個人對社會之體會，從而反映出社會問題，作為改革的起步。其次，人與社會是不可分的。正如上文所述，胡適以人之創造力是來自社會，故社會不良，不但對人之創造力有損害，人對社會亦有責任，不能避開。但若按上述邏輯推論下去，人似乎無法擺脫社會之枷鎖，亦無法得到胡適所追求人之獨立性。不過實用主義之邏輯給予胡適一個超越社會之客觀方法。這個方法，胡適用「大膽假設，小心求証」作為總括，但據胡適引申杜威，事實上是有五個步驟。

首先是疑難之境地。即是人在實際環境中所遇上之困境，不得不思考解決方法；其次是發掘疑難問題之所在；第三是提出種種假定之解決方法，並且逐一實行以試驗其可行性，胡適強調學問是提供各種假設之基礎，若學問無法提供，即等於無用之學；第四、行動者要決定那一個假設是最合適之方法；第五是證明，即實行假設方法後所得之結果，若未能得出一個令人信服的結果便作無效，若令人信服則成為真理。[78]

胡適這個方法，既強調人類思想與社會之關連性，使人之思想建立在一具體之空間上，一掃唯心主義之唯思想論，同時亦能一個具批判力及客觀之理性法，能擺脫社會之主觀立場。故他說：「這兩千年來西洋的『法式的論理學』（Formal Logic）

---

[77] 《胡適文存》，冊1，頁630。

[78] 同上註，冊1，頁323-327。

單教人牢記 AEIO 等等法式和求同求異等細則，都不是訓練思想力的正當方法。思想的真正訓練，是要使人有真切的經驗來作假設的來源；使人有批評判斷種種假設的能力；使人能造出方法來證明假設的是非真假」。[79]

　　胡適割斷歷史之時間，追求現在，而且把人放在一個具體空間，有一個踏實之落腳點，同時刻劃出一個批判之理性方法。這是胡適對當時中國社會造成衝擊之原因。胡適在剛開始時也許未能完全表示其想法，但對時局敏感的陳獨秀是的確能發現胡適之衝擊力量，故順水推舟的高舉文學革命的旗幟。

　　然一般人不容易了解到胡適有關現代社會建構的理論，他不得不利用白話文作為其現代性運動的媒介。白話文並非是新文化運動之產物，在辛亥革命時期便出現，胡適亦曾參予過《競業旬報》的編輯，撰寫過不少白話文。但白話文卻未能成為一個重要運動，因為白話文在辛亥革命中只是一個宣傳工具，然在新文化運動，它卻是一個現代時間與空間的強烈符號，成為一個新的標誌。在〈建設的文學革命論〉中，胡適提出「國語的文學，文學的國語」口號以突出現代性的眾要。

　　所謂「國語的文學」，胡適認為它代表活的文學，胡適指出「這二千年的文人所做的文學都是死的」，因為他們用的都是文言文。根據胡適的標準，一些被人喜愛的文學，如木蘭辭、兵車行等都是用白話文做的，而死文字是絕對無法表達如木蘭辭作者的當代人思想及感情。胡適之說法未必全對，但以白話文來代表現代、代表生命，這個符號是十分生動有力，利用白話文這個符號，胡適把過去與現代當作一個絕對對立的分界線

---

[79] 同上註，冊 1，頁 328。

。而所謂「文學的國語」，胡適是反駁辛亥革命時期之說法，當時認為中國方言太多，不可能用白話文當作國語。但胡適認為「國語不是單靠幾位言語學的專門家就能造得成的……真正有功效有勢力的國語教科書，便是國語的文學；便是國語的小說、詩文、戲本。國語的小說、詩文、戲本通行之日，便是中國國語成立之時」。故胡適主張「不必問今日中國有無標準國語，我們儘可努力去做白話文的文學」，而標準國語則會自然出現。胡適這種提法，無疑視對要打倒舊文化、建設新文化的年輕人為社會主體。換言之，只要掌握白話文，便無疑成為社會上之主人翁。

四、結論

　　本文試圖探討辛亥革命與新文化運動的關係，透過本文論述，個人認為兩者不但有一定關聯性，而且可以說在二十世紀中，辛亥革命與新文化運動是文化思想兩個重要主流，其交錯影響地方，實非本文能盡道。而文內一得之見，主要為指出新文化運動常被誤解為打倒四千年封建，實際上它是針對辛亥革命所提出之歷史性，要打破清末所建立的四千年史觀，重新建立一個現代論述。中國百年來傳統與現代二元對立的看法，實源於此。

　　本文第二個重點為試圖點出胡適能「暴得大名」原因，主要在他把現代性觀念導入中國，胡適利用他嫻熟西方理論優勢，明確指出個體與社會關係，重新解釋辛亥革命以來的個體觀念，亦即個人主體性的發生，非由歷史賦給，而是由於回應現實社會各種問題的挑戰；同時胡適更成功的利用白話文，刻劃

出一個現代性的符號，現代性迅即成為中國各階層擁護的運動。

國家圖書館出版品預行編目資料

中國近代民族史學探源 / 李朝津 著-- 初版
臺北市：蘭臺出版 2014.12
 ISBN 978-986-5633-00-4 (平裝)
 1.辛亥革命 2.民國史 3.史學評論
628.19   103023145

近代史學研究 1

中國近代民族史學探源

作　　者：李朝津
編　　輯：張加君
美　　編：高雅婷
封面設計：謝杰融
出 版 者：蘭臺出版社
發　　行：蘭臺出版社
地　　址：台北市中正區重慶南路 1 段 121 號 8 樓之 14
電　　話：(02)2331-1675 或(02)2331-1691
傳　　真：(02)2382-6225
E—MAIL：books5w@gmail.com
網路書店：http://bookstv.com.tw/、華文網路書店、三民書局
　　　　　http://store.pchome.com.tw/yesbooks/
　　　　　博客來網路書店 http://www.books.com.tw
總 經 銷：成信文化事業股份有限公司
劃撥戶名：蘭臺出版社 帳號：18995335
香港代理：香港聯合零售有限公司
地　　址：香港新界大蒲汀麗路 36 號中華商務印刷大樓
　　　　　C&C Building, 36,Ting, Lai, Road, Tai,Po, New,Territories
電　　話：(852)2150-2100　　傳真：(852)2356-0735
總 經 銷：廈門外圖集團有限公司
地　　址：廈門市湖裡區悅華路 8 號 4 樓
電　　話：86-592-2230177
傳　　真：86-592-5365089
出版日期：2014 年 12 月 初版
定　　價：新臺幣 360 元整（平裝）
ISBN：978-986-5633-00-4(平裝)